# Le bocche inutili : dramma in tre atti

## Annie Vivanti

# LE BOCCHE INUTILI

# OPERE
# DELL'AUTRICE

# ANNIE VIVANTI

# LE BOCCHE INU

*DRAMMA IN TRE ATTI*

A. MONDADORI
MILANO

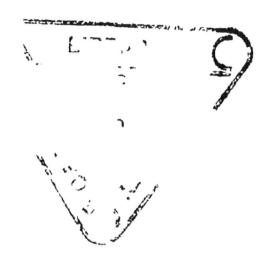

DEDICA

Al tenente GIORGIO TOGNONI,
cieco di guerra.

.

*Giorgio,*

*Vi ricordate come ebbe origine questo dramma?*

*Uscivamo dal Teatro alla Scala una sera piovosa del novembre scorso. Voi avevate parlato, esaltando la guerra, ad una folla delirante d'entusiasmo per l'Italia e per voi.*

*Con la mano sul mio braccio, sotto al grigio porticato, vi fermaste. Ancora intorno a noi crepitavano gli applausi.*

*« Annie Vivanti, volete scrivere un dramma per me? »*

*Io alzai gli occhi a guardarvi, a guardare il bel volto mobile ed espressivo, e le chiome ricciute, e il fiero portamento dell'alta ed agile persona — tutta la pittoresca bellezza dei vo-*

stri ventiquattr'anni, alla quale i grandi occhiali neri aggiungono un fascino speciale e
indefinito.

« Sì », dissi subito.

E così nacque nella mia mente la figura di
« Giorgio » in questo dramma di guerra.

« Giorgio » siete voi. Le sue parole sono
parole che da voi ho udito; l'anima di Giorgio è la sublime anima che è in voi.

\* \* \*

Era inteso che voi stesso avreste interpre-
tato la parte del giovane ufficiale che ritorna dalle trincee con gli occhi per sempre
chiusi (1).

Dalle vostre labbra dovevano giungere —
con la forza suprema di una sacra e tragica verità — le parole di fede al cuore degli ascol-
tatori.

Quando la madre dice al figlio: « Fammi
vedere i tuoi occhi!... » erano i vostri occhi,

---

(I) *Nella prima versione del lavoro, scritta con questo intendi-
mento, Giorgio non entrava in scena che al terzo atto.*

con la loro divina cicatrice, che dovevano essere svelati. Quand'egli, tentando di calmare la materna angoscia, dice: « Mamma! Chiudi anche tu gli occhi! Scendi nel buio con me... » e il teatro si oscura completamente — quel crepuscolo che calava sui nostri spiriti doveva essere un lembo della grande ombra che per sempre vi ravvolge...

Ma al momento della rappresentazione sorsero, come voi sapete, degli inattesi ostacoli. Gli amici discussero... sconsigliarono... dissuasero... E per timore che qualcuno potesse dire che si era voluto « sfruttare la sventura » il dramma — da voi ispirato e per voi scritto — fu dato senza di voi.

A me parve che ne fosse tolto così l'elemento più alto di commozione, l'essenza stessa della poesia da me sognata.

.     .     .     .     .     .     .

Ma ancora non mi so spiegare l'indescrivibile tumulto che il dramma suscitò alla sua prima rappresentazione. Certo, nella mente di una parte del pubblico vi fu un equivoco causato dal titolo. Ad alcuni — che ignora-

vano il significato militare dell'espressione
« le bocche inutili » — il titolo parve gaio;
e il teatro si affollò di gente che, per distrarsi
dalle tristezze della guerra, voleva vedere una
commedia allegra.

Credevano nelle « bocche inutili » di trova-
re le bocche che ridono, le bocche che baciano,
le bocche che pronunciano delle soavi arguzie
o delle parole d'amore... E rimasero stupiti e
disorientati quando si trovarono davanti alle
tragiche bocche di vegliardi, di donne e di
bambini che la guerra apre agli urli e alla
fame.

La fame — primitivo e mostruoso suppli-
zio! — doveva avere anch'essa una parte di
protagonista in questo dramma.

Ma da poi che l'ebbi veduta da vicino in
tutta la sua ferocia e terribilità, ho compreso
ch'essa mal si prestava ad infingimenti tea-
trali.

Sì; l'ho veduta da vicino, Giorgio. L'ho veduta qui, negli ospedali della Riviera, al ca-
pezzale dei prigionieri che l'Austria, quasi
un atroce scherno, ci rinvia moribondi dai
suoi campi di concentramento.

Sui corpi di quei martiri la fame è passata come una belva viva scannando e sbranando; pare che i lupi abbiano strappato da quei volti la carne, non lasciando al posto delle guance che due incavi nerastri; pare che dei vampiri si siano acquattati su quei petti concavi, a sug-gere fin l'ultima goccia di sangue di tra le anelanti costole; pare che qualche visione de-moniaca sia passata davanti a quegli occhi che si aprono spauriti e smisurati... occhi in cui di vivo non vi è più che la morte.

Quando uscii da quel luogo di sventura, mi sono detta che la fame non si doveva nè si po-teva rappresentare sulle scene. E col cuore rovente d'odio e d'amore — d'amore per quei martiri, umili e sublimi; d'odio per coloro che freddamente, deliberatamente, tale tortura avevano potuto infliggere — mi parve che non avevo mai amato abbastanza; e che non ave-vo mai abbastanza odiato!

...Era una chiara notte invernale. Sopra al mio capo brillavano le stelle, calme, gelide, eterne.

E pareva che dicessero:

« *Noi non conosciamo l'odio; non conosciamo l'amore. Perciò siamo immortali* ».

. . . . . . .

*Il nostro primo incontro — lo ricordate, Giorgio? — fu ad un ricevimento dato a Roma per me, dove voi eravate invitato a recitare alcuni celebri versi carducciani.*

*Io non vi conoscevo ancora; ma d'un tratto vi vidi, alto e snello nella vostra uniforme, avviarvi al braccio d'un altro ufficiale verso il centro della sala. Vi chinaste verso l'amico, e vi udii dirgli sommesso:*

« *Mettimi dove io possa, recitando, guardare Annie!* »

« *Guardare Annie!* » *Quelle parole sulle vostre labbra mi fecero trasecolare. E mentre voi ritto, col viso pallido rivolto a me, dicevate i cari versi del grande Poeta ed Amico, dal fondo del mio cuore saliva come un controcanto la poesia che tale visione m'ispirava.*

*E quella sera scrissi per voi i brevi versi che qui trascrivo.*

# LUCE

Cotanta luce io non la vidi mai
Come all'istante in cui tu *mi guardasti!*
Ai miei occhi abbagliati tu sembrasti
Circonfuso di rai.
La luce che perdesti ti circonda,
Luce di gioventù — luce di gloria!

    Cotanta luce io non la vidi mai.


I tuoi due occhi sono torcie accese.
Dove li volgi è un subito e potente
Avvampare di fuoco e di virtù.
Nessuno sguardo mai fu sì profondo
Nessuno sguardo mai fu sì possente,
Come lo sguardo tuo che non è più.

    I tuoi due occhi sono torcie accese.


O tu, che hai dato la tua luce a noi,
Volgi, volgi sui tristi e sui codardi
La sacra ténebra degli occhi tuoi,
E tutti i vili diverranno eroi
Se tu li guardi!...

    O tu che hai dato la tua luce a noi.

———

\* \* \*

Da quel giorno in poi ci siamo sempre ritro-
vati. Dalla Villa Aldobrandini, voi, con due
vostri gloriosi compagni, vi facevate accompagnare a notte tarda sotto le mie finestre, e
nella quiete delle chiare notti romane, udivo
risonare d'un tratto le vostre giovani voci
chiamandomi per nome.

Talvolta l'ora era tardissima — a voi che
importava dell'ora? — ed io mi destavo di so-
prassalto e m'affacciavo:

« Ma come mai siete qui? Sono le due del
mattino! »

« Scendete! Vogliamo andare a passeggio »,
comandavate voi. — « Alla Trinità dei Mon-
ti », diceva il tenente Cotta Ramosino, alzando nella bianca luce lunare il classico viso.

« Od anche a Monte Mario », soggiungeva
il capitano Fogliero, con la sua bella risata di
fanciullo.

Io mi vestivo alla meglio, scendevo rapida
— e via, a braccetto, tutti in fila, per le not-
turne vie della meravigliosa città.

Oh belle notti in cui a me era concesso gui-
dare i vostri passi, dirvi gli splendori di Ro-

na dormente nella diffusa chiarità lunare, essere per un'ora, con umiltà orgogliosa, la luce
degli occhi vostri!

\* \* \*

Fin d'allora però ho avuto la strana sensa-
zione che quando uno di voi mi prendeva 'il
braccio era piuttosto per guidarmi che per
essere da me guidato.

Ogni qualvolta voi, Giorgio, posate sul mio
braccio la vostra mano tranquilla e leggera,
mi sembra che la rumorosa vita quotidiana
dilegui e svanisca d'intorno a me, e ch'io
scenda con voi in un mondo nuovo e profondo, dove una immensa pace, un'oscura calma
mi sommerge. Sull'anima ferita, sugli occhi
abbagliati dalle villane luci giornaliere, cala
la morbida frescura delle tenebre, passa il silenzio come il vento di un'ala nera.

La vita diviene un'armonia in tono minore.

.       .       .       .       .       .       .

E in quel mondo di sogno in cui m'aggiro
con voi, non s'incontra più nessuno che sia af-
frettato, o scortese, o indifferente.

2. - *Le bocche inutili.*

*Ogni sguardo rivolto a noi è luminosamente annebbiato di dolcezza: ogni voce si fa piana e commossa, ogni passo si arresta o si ritrae per darci il passaggio, ogni sguardo oscilla in una lagrima o brilla in un sorriso.*

*Certo io non ho mai veduto effulgere così la bellezza e la bontà umana come quando voi siete accanto a me, con la mano l'     ferma sul mio braccio, col bel volto sereno un poco alzato verso il cielo.*

\* \* \*

*Così, nella vita, come in questo mio breve dramma siete voi, voi e i vostri compagni, gli apportatori di luce.*

*Da voi giunge alle nostre anime — brancolanti nel buio alla ricerca della verità, smarrite nel labirinto dei nuovi oscuri dilemmi creati dalla guerra — il monito e l'esempio, il verdetto sereno e inappellabile su ciò che oggi è il nostro supremo dovere.*

*« Ah, figlio mio! » grida la madre dal profondo del suo strazio, « tu che con quei chiusi occhi vedi forse più chiaro di noi — dillo,*

dillo, se il primo dovere d'un uomo non è verso le sue creature, verso le sue donne, verso i
suoi figli, sangue del suo sangue?... »

E il figlio risponde — fiero, forte, sicuro;
risponde come rispondeste voi al nemico, in
quell'alba sul Monte Sabotino, quando i vostri grandi occhi italiani erano ancora aperti:
« No! »

ANNIE VIVANTI

Nervi, 1918.

« *Je créai six commissaires pour faire la description des bouches inutiles, et après bailler ce rôle à un chevalier de Saint-Jean de Malte, accompagné de 25 ou 30 soldats, pour les mettre dehors....*

*Ce sont les lois de la guerre: il faut être cruel bien souvent pour venir à bout de son ennemi....* »

MONTLUC, « *Siège de Senne* »

« *Starvation is one of the weapons of a besieger — as history has proved, one of the most powerful....* »

OLE LUK-OIE,

« *The Green Curve* »

# PERSONAGGI

IL COMANDANTE SIR HARRY DE BELS - governatore inglese della piazzaforte.

GIORGIO - suo figlio.

IL CAPITANO LOUSSY - suo aiutante di campo.

AUBREY RUSSELL - matematico.

SIR GEOFFREY HARDING.

IL TENENTE FLETCHER.

UN CUSTODE.

LADY MARY DE BELS - moglie del Comandante.

LILLIA - sua figlia (16 anni).

ANNA FARRELL - loro cugina (17 anni).

DAISY FARRELL - madre di Anna.

EDITH - una domestica anziana.

*Un bambino, tre bambine, soldati, esuli, ecc.*

Il primo e il secondo atto si svolgono nel palazzo del Comandante De Bels, in un lontano possedimento inglese.

Il terzo atto ha luogo nella villa del Comandante, nella contea di Kent, in Inghilterra.

# ATTO PRIMO

Grande sala a pian terreno nel palazzo del Comandante Harry De Bels.

Carte geografiche attaccate alla parete. Mobilio semplice e severo.

Sul davanti della scena, a destra, un tavolo, un piccolo divano e qualche poltroncina. Accanto alla parete destra un armadietto vetrato.

A destra, in secondo piano, breve scalinata che conduce agli appartamenti di Lady Mary.

A sinistra, primo piano, un caminetto. In secondo piano, una porta. Sul davanti della scena, pure a sinistra, una grande tavola ingombra di carte.

'Nel fondo, verso la sinistra l'ingresso: una doppia porta vetrata che s'apre su una veranda. Da questa si vede, nello sfondo, una strada di campagna. Paesaggio estivo, esotico e triste; senza case.

Sulla soglia della veranda, Giorgio in *khaki*, si congeda da sua madre, Lady Mary, e da sua sorella, Lillia. I tre si parlano a bassa voce, con affettuosa commozione. Giorgio tiene le spalle rivolte al pubblico.

# ATTO PRIMO

### IL COMANDANTE

*entrando dalla sinistra*

Su, Giorgio, in carrozza!

### LADY MARY

*a Giorgio*

Vengo con te.

### GIORGIO

Ma, cara mamma, al Presidio non puoi venire.

*Rivolto al Comandante*

È vero, papà?

### IL COMANDANTE

No, no! Ti accompagno io.

### LADY MARY

a Giorgio, con impeto affettuoso

Vengo con te fino al cancello.

Lady Mary e Giorgio escono.

### IL COMANDANTE

a Lillia che vorrebbe seguirli

Sta qui, Lillia. Lascialo solo un istante con sua madre.

### LILLIA

Papà, quanto tempo starete al Presidio?

### IL COMANDANTE

Poco. Tra mezz'ora saremo di ritorno.

### LILLIA

piangendo

E poi ci lascierai andare alla stazione con Giorgio?

### IL COMANDANTE

Ho già detto di no. Piangete troppo. Date un cattivo esempio alle donne della città. « Ma

come? » diranno, « ecco la moglie e la figlia
del Comandante che piangono perchè il figliolo va a fare il suo dovere! E a noi pre-
dicano il patriottismo ». — Vergogna!

LILLIA

singhiozzando disperata

Ma io non piangerò!

IL COMANDANTE

con voce commossa

È difficile.... non piangere.

LILLIA

subitamente, con tenerezza, abbracciandolo

Oh, povero papà! So quanto soffri anche tu.

IL COMANDANTE

Soffrirei di più se Giorgio non avesse chiesto
di partire. Del resto, le nostre piccole sofferenze personali non contano; hai capito?

LILLIA

Sì.

## IL COMANDANTE

E tu, cerca di essere di conforto alla mamma.

## LILLIA

*asciugandosi gli occhi*

Sì... sì... me l'ha detto anche Giorgio.

## IL COMANDANTE

E senti, Lillia. Tu ormai non sei più una bambina, è vero? — Ebbene,

*con gravità*

cerca di persuadere la mamma a partire.

## LILLIA

A partire!

## IL COMANDANTE

Sì. A tornare in Inghilterra con te. Potreste partire con le cugine il mese prossimo. Di'; non ti piacerebbe fare il viaggio con la tua piccola amica Anna?...

## LILLIA

Ma lasciarti qui, papà? Lasciarti qui solo?

IL COMANDANTE

Sarete più vicine a Giorgio.

LILLIA

Oh, la mamma non vorrà! Non vorrà certo!
E anch'io non voglio lasciarti.

IL COMANDANTE

*a voce bassa e rapida*

Figliola mia... Se io insisto, è perchè è necessario. Prometti che cercherai di persuadere la mamma. Eccola! ed ora, su, sorridi!

*le alza il mento*

Su dunque!

*Alla mamma che entra*

Anche tu, Mary, non piangere. Saremo presto di ritorno.

LADY MARY

*amaramente*

Sì. Ma per ripartire quasi subito! Non potresti
andar tu solo al Presidio e lasciar Giorgio
con noi?

### IL COMANDANTE

Sai pure che occorre la sua presenza e la sua firma sulle carte.

### LADY MARY

È doloroso sacrificare a quelle formalità gli ultimi preziosi momenti...

### IL COMANDANTE

Lo comprendo. Ma non c'è rimedio. E certo, cara, non vorrai rattristare Giorgio con delle inutili lamentele?

### LADY MARY

No! no!

### IL COMANDANTE

Brava. Lo sapevo.

> Con rapido gesto di saluto, esce.

### LADY MARY

> accasciandosi piangente

Giorgio mio!

LILLIA

infantile e imbronciata

Poteva fare il soldato qui, accanto a papà, senza intraprendere quell'orribile viaggio, così lontano, per tornare a casa.

LADY MARY

Tuo padre non vuol chiedere favori. Suo figlio deve presentarsi in patria come tutti gli altri. Poi andrà dove sarà destinato.

LILLIA

ricordando l'ammonimento paterno

Ah! a proposito —

affettuosa, seduta accanto alla madre, posandole il capo sulla spalla

e se tornassimo a casa anche noi? Non ne hai abbastanza, mamma, di due anni in questo paese, così brutto... mezzo selvaggio?

LADY MARY

Lasciar qui solo tuo padre? Ah, no!

3. - *Le bocche inutili.*

### LILLIA

Ma... so che anche papà lo desidera.

### LADY MARY

*recisamente*

Tuo padre ha bisogno di me; ha bisogno di affetto e di cure. Ora poi, con la guerra,... con la minaccia sempre più grave ed incalzante, certo non penserei a lasciarlo. — Tuttavia, poichè ne parli, Lillia mia, ti dirò che ho intenzione di pregare le cugine Farrell di condurti a Londra con loro.

### LILLIA

Tu vuoi mandarmi via? Via da te e dal babbo! Mamma, mamma! Non farlo! Non farlo!

### LADY MARY

Vogliamo saperti al sicuro, angelo mio!

### LILLIA

No! no! Non m'importa d'essere al sicuro! Voglio essere con te e col babbo. Giura, giura che non mi mandi via. Ma cosa fareste voi due, infelici! senza di me? E senza Giorgio?

**LADY MARY**

con nuove lagrime

Ah, Giorgio! Giorgio mio...

**LILLIA**

guardandosi attorno

Mi pare di non poter vivere senza di lui! Detesto tutto... detesterò sempre tutto...

**LADY MARY**

abbracciandola

Cara!... alla tua età, si dimentica presto.

**LILLIA**

sdegnata

Dimenticare? Come puoi dir questo? Credi — che dimenticherò mio fratello?!

**LADY MARY**

No. Ma dimenticherai di soffrire.

La bacia in fronte.

Entra la signora Daisy Farrell,
seguìta da sua figlia Anna.
Questa sembra svogliata e triste. Tiene in mano, dondolan-
dolo pei nastri, il suo cappello
da giardino.

### DAISY FARRELL

Mary! Ti disturbo?

### LADY MARY

No, no, cara cugina. Al contrario.

La saluta.
Anche Lillia le saluta entrambe affettuosamente.

E tu, Anna, come stai?

### DAISY FARRELL

Anna oggi è di cattivo umore. Non so che
cos'abbia.

### LADY MARY

carezzando il viso della fan-
ciulla.

È vero?

Anna china il capo.

DAISY FARRELL

Non potevo lasciar partire il tuo figliolo senza venirlo ad abbracciare. Più che la parentela mi lega a voi l'affetto, e mi sembra che il tuo Giorgio sia un poco anche figlio mio.

LADY MARY

Cara Daisy!

DAISY FARRELL

E dov'è?

LADY MARY

È andato con suo padre al Presidio. Le carte pel suo viaggio non sono arrivate che all'ultimo momento.

Sospira.

E pensare che tra un'ora parte!...

DAISY FARRELL

confortandola

Coraggio, Mary! Amica mia!...

## LILLIA

ad Anna

Ma Anna! Cos'hai? Fai un broncio... hai gli occhi rossi.

> Anna scuote le spalle; non vuol far vedere che piange. D'improvviso si volge ed esce rapida in giardino.

## LILLIA

la segue.

Anna!...

## DAISY FARRELL

> a Lady Mary, sedendole vicino.

Mary! Come mai non ti sei decisa a partire anche tu?

## LADY MARY

> con un sorriso triste

Mia cara, le mamme non possono accompagnare i loro figlioli quando vanno soldati.

> con amarezza, quasi parlando a se stessa

Lui, piuttosto, poteva aspettare che lo chiamassero...

DAISY FARRELL

Oh!

con rimprovero

È la moglie del Comandante De Bels che parla così?

LADY MARY

a testa bassa

No. È la madre... di un unico figlio adorato.

DAISY FARRELL

Che pur parlando così... non è sincera.

LADY MARY

Ah, Daisy! non lo so. Com'è difficile essere veramente sincere quando si ha il cuore straziato. Se mio figlio non fosse qual'è, capace di ogni slancio generoso, io ne soffrirei. Ma come posso dire di non soffrire quando per sua volontà mi abbandona?... L'eroismo, vedi, è una virtù maschia. A noi

donne non si dovrebbe domandare che la
femminea e mite virtù della rassegnazione.

### DAISY FARRELL

Ah no, Mary!

### LADY MARY

Io invidio, invidio e ammiro la donna forte,
l'amazzone che dice al suo figliolo: « Va! »
Ma io non sono che un'anima debole, lo
confesso; io non saprò che piangere e in-
vocare il ritorno del mio diletto.

### DAISY FARRELL

affettuosa

Povera Mary, ti comprendo.

Una pausa.

Ma ciò che non comprendo è che, malgrado
le tue timidezze, tu non ti decida a tornare
in patria; non già per accompagnare Giorgio, ma per mettere in salvo Lillia — e te
stessa.

Un brevissimo silenzio.

Noi, lo sai, partiamo ai primi del mese prossimo. Vuoi che facciamo il viaggio insieme?

## LADY MARY

Io non posso nè voglio lasciare mio marito. Il mio posto è accanto a lui, soprattutto nell'ora del pericolo.

## DAISY FARRELL

Capisco. Ma non pensi a Lillia? E se le cose si aggravano? Se poi non poteste più partire? Considera... anche per il Comandante, che grave pensiero! Egli che ha già tante responsabilità...

## LADY MARY

*interrompendo*

È mio dovere e mio diritto restare con lui. Ma giacchè ne parli ti chiederò un favore. Vuoi condurre a casa Lillia, con te?

## DAISY FARRELL

Ma figurati! Con tutto il piacere.

## LADY MARY

Poichè le nostre ville, nel Kent, sono attigue,

Lillia potrebbe stare in casa nostra con la fedele Edith; e tu ed Anna andreste a vederla tutti i giorni...

DAISY FARRELL

Ma no! Lillia starà con noi. Sarà una gioia di averla, quella cara creatura.

LADY MARY

Grazie. Mi togli un grande peso dal cuore. Ora la difficoltà sarà di persuadere Lillia a lasciarci; essa adora suo padre, e l'idea di allontanarsi da lui e da me, le sembrerà terribile.

LILLIA

sulla veranda

Mamma! C'è il tenente Fletcher che cerca di papà.

Entra il tenente Fletcher.

IL TENENTE FLETCHER

Perdoni, Milady. Ho un messaggio per il Comandante.

## LADY MARY

In questo momento non c'è. Si tratta di cosa urgente?

## IL TENENTE FLETCHER

Non urgentissima, Milady.

## LADY MARY

Se crede di dire a me?

## IL TENENTE FLETCHER

Vengo da parte del capitano Loussy —

## LILLIA

interrompendo vivamente

Ah! Il capitano Loussy è tornato?

## IL TENENTE FLETCHER

Sì, signorina. È arrivato stamattina.

a Lady Mary

Mi ha detto d'informare il Comandante del suo ritorno; e di dire che è arrivato anche Sir Geoffrey Harding...

### LADY MARY

Il fratello del ministro?

### IL TENENTE FLETCHER

Sissignora. Saranno qui entrambi tra mezz'ora per vedere il Comandante.

### LADY MARY

Lo dirò a mio marito appena entra. Non tarderà.

> Il tenente Fletcher saluta ed esce.

### LADY MARY

> a Daisy Farrell

Se andassimo al loro incontro?

### DAISY FARRELL

Sì, sì. Così saluteremo Giorgio per via.

> Chiamando

Anna!... Andiamo, Anna!

### LILLIA

Anna è qui fuori in giardino. La lasci un po' con me?

DAISY FARRELL

Se vuoi, cara. Tanto, dovrete poi farvi buona compagnia in viaggio...

LILLIA

spaventata

Che viaggio?

DAISY FARRELL

Tu verrai in Inghilterra con noi.

LILLIA

rivolgendosi con rimprovero a Lady Mary

Mamma! No! Non mandarmi via! Dillo, dillo che non mi manderai via da te.

Lady Mary la bacia teneramente in fronte; indi esce con Daisy Farrell.

LILLIA

rimane un istante pensierosa, poi va alla porta e chiama:

Anna! Vieni!

Esce sul terrazzo.

Ma vieni dunque.

> Rientra traendo per mano la
> piangente Anna.

Insomma, si può sapere perchè piangi?

### ANNA

Ma no che non piango.

### LILLIA

Già, si vede. Mi dici che cos'è accaduto?

### ANNA

#### stizzosa

Niente... Anche tu hai pianto.

### LILLIA

Ma io piango perchè deve partire mio fratello.

> Anna dà in un rinnovato scoppio di lagrime.

### LILLIA

> togliendole a forza le mani dagli occhi.

Oh, guarda un po'! Piangi anche tu... per

Giorgio?... Ma saresti forse innamorata di lui?... Oh! che cosa strana!

in tono severo

E perchè non glielo dici prima che parta?

ANNA

Non si può — non si posson dire certe cose a un giovinotto.

LILLIA

A Giorgio? Ma figùrati! Puoi dire quello che vuoi. Forse gli farebbe anche piacere.

ANNA

Credi?... Credi che gli farebbe piacere?

LILLIA

Sì, sì. Quelle cose fanno sempre piacere. Sai, quando avevamo quella servetta indigena — la Hildaine — l'hai vista anche tu, quell'orrore di ragazza! Aveva certe braccia grosse così!... Come due *gigots* di montone!...

ANNA

Sì, sì; me la ricordo.

LILLIA

Bene; un giorno papà ha detto:
« Giorgio! bada bene!... Mi pare che quella
ragazza abbia una mezza cotta per te... »
E Giorgio con le mani in tasca ha detto:
« Poh! poh! poh!... » e aveva un'aria di
grande soddisfazione.

ANNA

risentita

E cosa c'entra?

LILLIA

C'entra.... che certo gli farà piacere di sapere
che anche tu l'ami.

ANNA

Tanto più che io non ho le braccia come dei
*gigots* di montone.

Alza la manica e scopre il
braccio.

Ti pare?

LILLIA

No no, anzi! Hai le braccia come... come la
Venere di Milo!

ANNA

lusingata

Quanto sei cara!

L'abbraccia.

Veramente... mi pare che la Venere di Milo non ne abbia di braccia.

LILLIA

Fa lo stesso... Come un'altra Venere. Senti, Anna! Adesso quando torna Giorgio, vogliamo dirgli subito che l'ami?

ANNA

Per carità!

LILLIA

Allora, niente.

ANNA

dopo breve esitazione

Veramente a lui — non come uomo, ma come eroe — lo si potrebbe dire. Od anche scrivere! Sì! Forse è meglio scrivere. Io co-

nosco delle signorine che scrivono a tutti
gli eroi delle lettere d'amore.

LILLIA

dubbiosa

Credi che Giorgio si possa già chiamare un
eroe? Dopo tutto, non è ancora andato neppure alla stazione...

ANNA

commossa

Dimmi... Lillia... di me, quest'oggi, ha parlato?

LILLIA

incerta

Sì. Ha detto qualche cosa.

ANNA

Cosa? Cosa?

LILLIA

Mi ha detto: « Tu, Lillia, non sei più una
bambina. Quando sarò partito pensa a con-

solare la mamma e il papà — e non star a far l'oca tutto il giorno con Anna ».

ANNA

*mortificata*

Oh Dio! Non ha detto altro?

LILLIA

No.

ANNA

Ebbene, senti, noi —

*asciugandosi gli occhi*

noi dobbiamo obbedirlo. Le sue parole sono sacre. Non facciamo più le oche.

LILLIA

E per non fare le oche, cosa si fa?

ANNA

*in tono confidenziale prendendole il braccio*

Ho letto in un bellissimo libro questa frase: « *Per lui ella immolò il suo passato...* » Immoliamo il nostro passato?

LILLIA

commossa

Sì! Sì! Immoliamolo!

ANNA

additando l'armadio vetrato
su cui è poggiata una bambola

La prima cosa da immolare sono le bambole.

LILLIA

Le bambole!... ma io non le tocco più!

ANNA

Hai detto l'altro giorno che ne avevi cinque.

LILLIA

Le ho... le ho... ma non le guardo neppure.

ANNA

lirica

Ebbene, oggi devi dire addio alle tue bambole. Un addio eterno. Faremo un rogo in
giardino.... le avvolgeremo in bianchi lini,
e le consegneremo alle fiamme.

## LILLIA

### battendo le mani

Bene, bene, bene!

## ANNA

Vado a prendere anche le mie.

## LILLIA

Fa presto! È meglio farlo subito, prima che torni la mamma. Ho idea che... i roghi... potrebbero non piacerle.

## ANNA

### sulla porta

Sai. Per portarle in giardino metteremo in testa dei veli neri —

## LILLIA

Sì, sì!

## ANNA

Torno subito.

### Esce rapida.

LILLIA

sola; apre l'armadio, ne to-
.glie le bambole

Venite — Cécile! Margareta! Clelia! — Addio!...

Le mette allineate a sedere
sul divano.
Si china a togliere dall'armadio anche un orsacchiotto e lo
pone a sedere in mezzo alle
bambole.

Addio, *Teddy-bear!*

Prende la bamboletta che è
poggiata sull'armadio e la
mette seduta su una poltroncina.

Addio, Giovanna!

Entra il capitano Loussy con
una busta di dispacci.

CAPITANO LOUSSY

Si può entrare?

LILLIA

salutandolo

Oh, capitano Loussy! Ben ritornato!

CAPITANO LOUSSY

Grazie, signorina. Sono arrivato stamane...

LILLIA

Chi sa che viaggio?

CAPITANO LOUSSY

Così così.

LILLIA

Il mare! *brrr...*

rabbrividisce

E pensare che quella traversata la dovrà fare anche il nostro Giorgio...

CAPITANO LOUSSY

Già. So che suo fratello è di partenza.

Guardandosi intorno.

E il Comandante?

LILLIA

Papà è andato ad accompagnare Giorgio al Presidio; poi...

> siede in un angolo del di-
> vano, e piange

andrà con lui alla stazione.

CAPITANO LOUSSY

Ebbene, tornerò più tardi.

> Sta per uscire. Si ferma.

Non pianga, signorina. Via, non pianga così!

LILLIA

> asciugandosi gli occhi

Crede lei che Giorgio sia un eroe?

CAPITANO LOUSSY

Se non lo è già — lo sarà certo. Non potrebbe essere altrimenti, poichè è figlio di suo padre.

LILLIA

Ah! Lei ama tanto il mio papà.

CAPITANO LOUSSY

> sorridendo

L'amo e l'ammiro al di sopra d'ogni cosa. Sono superbo d'essere il suo umile e fedele aiutante di campo — e servitore.

LILLIA

Oh, mi piace sentirle dir questo! Segga! Segga!

> Il capitano siede sulla poltroncina.

E chissà papà com'è felice di essere tanto amato da lei!

CAPITANO LOUSSY

> sorridendo

Suo padre nè lo sa, nè gliene importa. Del resto, la felicità dell'amore sta tutta nel cuore di chi ama.

LILLIA

> incrociando le mani in grembo, nell'atteggiamento di chi s'interessa.

Ah? Davvero? È così?

CAPITANO LOUSSY

Davvero. È così.

LILLIA

Si è più felici d'amare, che di essere amati?

CAPITANO LOUSSY

Senza dubbio.

LILLIA

pensierosa

Già. È vero;

guardandosi attorno

le mie bambole per esempio...

con uno strillo

Ah! Lei è seduto su Giovanna!!

CAPITANO LOUSSY

Misericordia!

Balza in piedi.
Lillia ritira Giovanna.

CAPITANO LOUSSY

Ho fatto qualche danno?

LILLIA

No. Niente. Giovanna ha sempre avuto la faccia un po' schiacciata...

Ravvia i capelli alla bambola.

CAPITANO LOUSSY

vicino a Lillia, contemplando
Giovanna

Sono spiacentissimo...

LILLIA

È niente.

Bacia Giovanna.

CAPITANO LOUSSY

sorridendo

Permette che anch'io faccia... onorevole am-
menda?

Lillia, dopo un istante d'esitazione, sorride, e gli tende la
bambola da baciare.
Un piccolo silenzio.

LILLIA

alzando gli occhi a lui

Cosa si diceva?

CAPITANO LOUSSY

Si parlava d'amore.

## LILLIA

Ah sì! Lei diceva... io dicevo...

## CAPITANO LOUSSY

Che è più felice chi ama...

## LILLIA

Già. Dicevo che le mie bambole, naturalmente, non mi amano affatto. Ma le amo io — e mi basta.

## CAPITANO LOUSSY

> amaramente, come chi ricorda
> un passato dolore

Sì. E le bambole hanno questo di buono che, se non amano lei, non amano però nessun altro.

## LILLIA

Già.

## CAPITANO LOUSSY

E poi... sono sue. Ne fa quel che le pare. Vero? Le castiga, le bacia, le porta a spasso... E poi, quando ne è stanca —

LILLIA

Le metto nell'armadio.

CAPITANO LOUSSY

*ridendo*

Brava! Ah, piccola Lillia, con le bambolette vive non si può far così.

LILLIA

*ridendo*

Oh — e perchè no?

CAPITANO LOUSSY

Le piacerebbe, se lei fosse, per esempio, una bambolina mia — ch'io la mettessi nell'armadio?

LILLIA

*dopo breve riflessione*

No. Veramente, no. Tanto più...

CAPITANO LOUSSY

Tanto più?

*Le prende la mano*

## LILLIA

Tanto più che in quell'armadio ci sono i ragni.

## CAPITANO LOUSSY

ridendo

Lei è una deliziosa personcina. Permette ch'io baci la mano... a Giovanna?

Lillia gli tende la mano della bambola, ch'egli bacia. Indi saluta ed esce.

## LILLIA

sola. guardando Giovanna

Ti ha baciato la mano. A me nessuno ha mai baciato la mano.

Si guarda in giro contemplando le bambole. Sta un momento indecisa, poi, d'improvviso, va al caminetto e si guarda nello specchio. In quell'atto è come la trasformazione dalla bambina alla giovinetta.

## ANNA

appare sulla porta con due bambole in braccio. Ha un velo nero in testa, ed è seguita da varî bambini sorri-

denti. Tra gli altri Pierino ·
6 anni · che porta una pic·
cola pala.

Siamo qui. Se non ti rincresce ho invitato
anche Rina e Clelia e Lola e Pierino... per
la mesta cerimonia.

LILLIA

Che mesta cerimonia?

ANNA

Ma... il rogo... i funerali...

LILLIA

Oh, Anna!... Ma sono sciocchezze quelle! Sono
proprio le bambinate che Giorgio ci ha detto
di non fare.

ANNA

delusa

Ma come? Hai cambiato tutto!... E allora?

LILLIA

Allora — regaliamo le bambole a questi pic·
coli. Non ti par meglio?

Le mette il braccio intorno al
collo.

ANNA

con un po' di broncio

Se vuoi...

LILLIA

distribuendo le bambole

Tieni, Clelia! Ecco, Rina, questa è per te. Ti piace? Toh, Lola; prenditi questa —

LOLA

additando Giovanna

Mi dài quella lì?

LILLIA

con un piccolo sospiro

No. Quella la terrò per ricordo... sempre. E Pierino?... Pierino, vieni qua. Ecco: per te l'orsacchiotto. Sei contento?

PIERINO

scoppiando in pianto

No!

LILLIA

No!?... Cos'hai? Perchè piangi?

PIERINO

Perchè... mi piaceva di più... seppellirle!

Le bambine ridono.

LADY MARY

entrando

Via, via, figlioli.

a Lillia

Ho visto che torna tuo padre.

LILLIA

ad Anna

Conducili via.

Anna e i bambini escono.
Entra il Comandante.
Le due donne gli vanno in-
contro.

LADY MARY

E Giorgio? Dov'è?

IL COMANDANTE

Verrà più tardi. — È stato qui il capitano
Loussy?

5. - *Le bocche inutili.*

### LILLIA

attaccandosi al braccio del padre

Sì. Tornerà. Ed è arrivato qualcun altro con lui... non so più chi...

### LADY MARY

Ma dimmi di Giorgio. Non sei stato al Presidio con lui?

### IL COMANDANTE

No. Sono sceso a metà strada. Giorgio ha proseguito solo.

### LADY MARY

stupita

Come mai?

### IL COMANDANTE

C'è stato un incidente alla cantoniera. Un fatto triste —

Siede pensieroso e turbato.

### LILLIA

gli s'inginocchia accanto

Cos'è stato?

## IL COMANDANTE

Passando la cantoniera abbiamo udito delle grida. L'espresso — quello che arriva dal Nord — spuntava dal *tunnel*. Mi volto, e vedo laggiù, a cento metri, un bimbo — il bimbo del cantoniere — che si è arrampicato su per la scarpata e si mette a giocare... sul binario!

## LADY MARY

Mio Dio!

Lillia nasconde il viso.

## IL COMANDANTE

Urliamo tutti. Ma il bimbo è troppo lontano — non ode. Allora la moglie del cantoniere, come una pazza, si precipita allo scambio...

## LADY MARY

Perchè — allo scambio?!

## IL COMANDANTE

Certo con l'idea di far deviare l'espresso

le due donne ascoltano atterrite.

e mandarlo sul binario morto, tutto ingombro di vagoni. Era la catastrofe inevitabile, atroce. Il cantoniere — ah, la faccia di quell'uomo levata per un istante al cielo! — si getta sulla donna; e là, allo scambio, i due lottano come forsennati... lei, per salvare la sua creatura... lui, per salvare il treno.

> Un silenzio angoscioso.

E il treno...

> Una pausa.

...è passato.

> Lascia cadere la fronte sulla mano.

**LILLIA**

> quasi con un grido

E il bambino?

**IL COMANDANTE**

> fa un gesto con la mano senza alzare la testa.

**LILLIA**

Ah, che orrore!

LADY MARY

dopo una pausa

Che atto magnifico ha compiuto quell'uomo!

LILLIA

Magnifico?!

IL COMANDANTE

alza il capo e guarda Lady
Mary

È una grande parola la tua. Tanto più grande,
perchè è una donna, e una madre, che la
pronuncia.

LADY MARY

Ma è una grande azione...

IL COMANDANTE

alzandosi

A tal punto grande, che... non so... se io al
suo posto avrei trovato la forza di com-
pierla.

LILLIA

sdegnata e piangente

Ha lasciato uccidere il suo bambino!

LADY MARY

Ha fatto il suo dovere. Poteva egli forse mandare alla morte tutta quella gente?

IL COMANDANTE

grave

È giusto.

LADY MARY

con impeto

Ma pensa, pensa se in quel treno ci fosse stato Giorgio!

IL COMANDANTE

Ah!... Ora comprendo il tuo fervore di ammirazione per quel gesto — grandioso, se vuoi, ma terribile. Già; la morale delle donne... è sempre un po' zoppicante.

accarezzandole il viso

Va, va! ti amo meglio così. Meno spartana, ma più donna.

### LADY MARY

Sento che non vi dev'essere nulla per un uomo, al di sopra del suo dovere.

> con affettuosa ammirazione

Sei tu che da tanti anni me lo insegni!

### LILLIA

Ma non pensi a quella povera donna?... Come deve piangere!...

> Un silenzio.

### LADY MARY

> con un profondo sospiro.

Il destino della donna è il pianto.

> Chinandosi sopra la figura ac-
> casciata del Comandante.

Se non fosse che Giorgio può tornare da un momento all'altro, andrei da quegli sventurati; cercherei di confortarli...

### IL COMANDANTE

Hai ragione; va. Giorgio non sarà qui così presto.

## LADY MARY

Posso dire a quell'uomo che lo proporrai...
non so... per una ricompensa, per una medaglia...

## IL COMANDANTE

### amaramente

Sì, sì! La medaglia. La vecchia ricetta per i
cuori spezzati.

## LILLIA

Vengo con te, mamma.

### Escono

## IL COMANDANTE

### richiamando sua moglie

Mary!

### Lady Mary ritorna.

Che nessuno mi disturbi quando verrà il capitano Loussy. Secondo le notizie che mi
porta, decideremo dell'avvenire.

## LADY MARY

Alludi alla partenza mia e di Lillia?

IL COMANDANTE

con gravità

Sì.

LADY MARY

Harry! È inutile che tu ne parli. Se pensavo a partire, saremmo partite con Giorgio. Io non ti lascerò... a meno che tu mi scacci...

IL COMANDANTE

Buona Mary!

> Lady Mary esce.
> Entra il capitano Loussy.
> Saluta il Comandante.

IL COMANDANTE

Ah Loussy, bene arrivato.

> Gli stringe la mano.

Ho saputo che eravate giunto. Ma mi è stato riferito che qualcun altro era con voi.

CAPITANO LOUSSY

Difatti, Sir Geoffrey Harding — il fratello di Lord Carstairs — ha fatto il viaggio con me.

## IL COMANDANTE

Ah, il diplomatico umorista! Lo conosco.

*con un sorrisetto amaro*

È un mio vecchio amico!... E che cosa è venuto a fare qui?

## CAPITANO LOUSSY

Non è che di passaggio; credo che vada in missione alle colonie dell'Est. Qui non fa che una tappa di ventiquattr'ore. Verrà subito.

## IL COMANDANTE

*con aria seccata*

Sta bene.

*Siede allo scrittoio, ed apre i dispacci che Loussy gli consegna.*

E dunque? Quali notizie portate dal nostro vecchio paese? Che atmosfera c'è nella capitale?

## CAPITANO LOUSSY

La solita atmosfera. Molto movimento, molte chiacchiere, molto lusso...

IL COMANDANTE

alzando gli occhi dalle carte

Molto — lutto, avete detto?

CAPITANO LOUSSY

Sì. Molto lutto. — E molto lusso.

IL COMANDANTE

con profonda amarezza

Ah.

. Un silenzio.

E Sua Eccellenza, come vi ha accolto?

CAPITANO LOUSSY

Bene. Benissimo. Era di buon umore. Mi fu doloroso turbare la sua serenità.

IL COMANDANTE

La conosco la serenità di Lord Carstairs.

Una pausa.

Allora gli avete detto —

### CAPITANO LOUSSY

Tutto, gli ho detto. Gli ho spiegato le gravi condizioni in cui ci troviamo qui; l'imminenza, in caso di sorte avversa, dell'assedio della piazzaforte; la necessità di provvedere, sia all'immediato sgombro della popolazione civile, sia all'invio di forti quantità di viveri e di rinforzi —

### IL COMANDANTE

*interrompendolo*

Ecco Sir Geoffrey.

> *Entra Sir Geoffrey, uomo brioso ed elegante sulla cinquantina.*
> *Il Comandante gli va incontro.*

### SIR GEOFFREY

*gli stringe la mano.*

Oh, caro De Bels.

### IL COMANDANTE

Non avrei mai pensato di vederti qui.

SIR GEOFFREY

sorridendo

E mi ci vedrai poco. Riparto subito. Non sono fatto io, per questi paesi ancora elementari e primitivi. Lo dicevo qui al capitano; io, se m'allontano di dieci chilometri da Piccadilly sono un uomo morto.

rivolgendosi gioviale al Comandante

Ti ricordi che anche quando eravamo all'università di Oxford...

IL COMANDANTE

serio

Quei giorni sono lontani. Sarà bene che parliamo del presente.

SIR GEOFFREY

volgendosi ridendo a Loussy

Ecco! Ecco l'uomo ferreo, l'uomo arcigno, che aborre le parole superflue, le cose inutili, la conversazione amena...

### IL COMANDANTE

Sì, sì. Questo non è il momento di conversazioni amene.

*Congedando il capitano Loussy*

Grazie, Loussy. Vi vedrò stasera.

*Loussy saluta ed esce.*

### SIR GEOFFREY

Ma, buon De Bels, sei insopportabilmente truce.

### IL COMANDANTE

Sono truci gli avvenimenti.

### SIR GEOFFREY

Appunto, appunto per ciò, noi non dobbiamo esserlo. Più abbiamo il tragico intorno a noi, e più il nostro spirito sente bisogno di sollievo e di svago. Al teatro, per esempio...

*Il Comandante si stringe nelle spalle con gesto seccato.*

al teatro, io — dacchè il Grande Dramma della Guerra si svolge intorno a noi — non

vado più che per vedere le farse!... Se vedo
annunciato un dramma ci vado, sì; ma per
zittire, per « beccare », per mugolare, e
volgere il dramma in farsa, se si può! Ma
ti domando un po' se è permesso straziare
le nostre anime già straziate...

IL COMANDANTE

Se sei venuto qui in cerca di farse, torna pur
via.

> fissandolo con occhi lampeg-
> gianti, e puntando le due ma-
> ni sulla tavola

Qui non c'è che tristezza,

> con crescente passione

qui abbiamo l'acqua alla gola —

SIR GEOFFREY

Uh! L'acqua alla gola! È strano come voi altri
soldati siete sempre inclini all'esagerazione
e al pessimismo.

IL COMANDANTE

> iroso

Noialtri soldati siamo anche più vicini alla...
alla realtà delle cose.

SIR GEOFFREY

allegramente

Precisamente. E da vicino le cose si vedono male. Per avere una visione esatta, bisogna vedere le cose molto da lontano!

ride

È vero o no? — Del resto, sta tranquillo; si provvederà.

accende una sigaretta

E poi, caro amico, perchè prendersela con me? Io sono qui come semplice turista. Faccio un giro, *en amateur*, per le colonie. È a mio fratello, il ministro, che bisogna rivolgersi.

IL COMANDANTE

Gli ho mandato un rapporto.

SIR GEOFFREY

Lo so, lo so. Mi ha anche detto che prenderà in seria considerazione le tue vedute. Riguardo però all'idea di far evacuare la città, capirai che non bisogna far le cose con precipitazione. Anche per non allarmare il paese. Guai, mio caro, se si allarma il paese.

IL COMANDANTE

sdegnato

E non si potrebbe, una volta tanto, dire la verità al paese?

SIR GEOFFREY

Dire la verità al paese? Ah bella! La verità al paese!... Ma voialtri avete una strana mentalità. Non vedete le cose che dal punto di vista prettamente militare.

IL COMANDANTE

Mi pare che in tempo di guerra, il punto di vista militare...

SIR GEOFFREY

interrompendo allegro

... è pernicioso! Addirittura pernicioso!

ridendo

Ah, se si lasciasse fare la guerra... ai militari, poveri noi!

### IL COMANDANTE

*alzandosi*

Tu ami scherzare.

*andando vicino a Sir Geof-frey*

Tu non comprendi, non vuoi comprendere, che qui siamo faccia a faccia col disastro — e con la fame.

### SIR GEOFFREY

*impressionato*

La fame? De Bels!

### IL COMANDANTE

*incalzante*

In questi ultimi giorni le condizioni sono peggiorate. Dalla parte del mare, il blocco si rinserra...

### SIR GEOFFREY

*vivamente*

Ma le vie di terra sono aperte!

IL COMANDANTE

con veemenza

Quanto tempo resteranno aperte?

SIR GEOFFREY

Ma cosa dici? Non abbiamo i nostri vicini d'Oriente che —

> Il Comandante lo guarda fisso senza rispondere.

Ma cosa pensi? Cosa temi? Tradimento da parte...

IL COMANDANTE

Non diciamo le parole grosse. Perchè tradimento? Basta un momento di fiacchezza, di stanchezza, perchè il nemico ne approfitti per sfondare, e circondarci.

SIR GEOFFREY

colpito

Ma c'è questo pericolo? Lo temi?

IL COMANDANTE

Sì. Ed è imminente.

Sulla soglia appare Lillia, un
poco ansante.

### LILLIA

Papà... papà! Posso entrare?

### IL COMANDANTE

No. Ho detto che non voglio essere disturbato.

### LILLIA

Va bene, papà. Allora... te lo dirò dopo...

avanzandosi trepida, in punta
de' piedi

... che il bambino del cantoniere... si può
salvare! Pensa, si può salvare! Sei contento,
papà?

Gli mette le braccia al collo.

### IL COMANDANTE

carezzandole il viso

Sì, cara, sì.

### SIR GEOFFREY

con ammirazione commossa

Tua figlia?

## IL COMANDANTE

Sì.

> Dal fondo entra Giorgio, rapido, con baldanza.

## GIORGIO

Siamo pronti!

## IL COMANDANTE

> presentandolo a Sir Geoffrey

Ed ecco mio figlio.

## SIR GEOFFREY

Ah?... mille felicitazioni.

> Giorgio viene avanti e si pone a lato del padre.

## IL COMANDANTE

> con affettuoso orgoglio

Hai ragione di felicitarmi... È un bravo figliolo, che parte volontario...

## GIORGIO

> guardando l'orologio che ha al polso

... tra venti minuti.

## SIR GEOFFREY

Ho capito! Se è così, vi lascio.

*al Comandante*

Ti vedrò più tardi.

*prendendogli con cordialità il braccio*

Bada che ho preso una determinazione. Parlerò io stesso con mio fratello. Dunque niente turismo, niente giro per le colonie! Quando tu mi avrai dato tutti i ragguagli, tornerò a Londra e m'incaricherò io — Basta. A più tardi.

## IL COMANDANTE

*dandogli una forte stretta di mano*

Grazie.

*Sir Geoffrey saluta ed esce.*

## GIORGIO

*guardandosi in giro*

E la mamma?

IL COMANDANTE

È andata alla cantoniera. Santa donna, il suo dolore per la tua partenza non le impedisce di pensare anche alle sofferenze altrui. Ora te la mando subito.

mettendogli affettuosamente una mano sulla spalla

Hai preparato tutto?

GIORGIO

Tutto.

Il Comandante esce.
Lillia, frattanto, ch'era uscita a sinistra, rientra celando dietro di sè un gran mazzo di fiori.

LILLIA

Giorgio! È quasi ora!...

GIORGIO

Sì, sì: è ora. E tu,

alzandole il mento

savia, eh? M'hai promesso di mettere giudizio. Cos'hai lì? Cosa nascondi?

> Lillia alza il mazzo di fiori.

Oh Dio! sarebbero per me?

### LILLIA

Sì.

### GIORGIO

Devo fare il viaggio in Inghilterra con quel mazzo di fiori in mano?

### LILLIA

> poggiando il viso al braccio di lui

Mi sono alzata stamattina alle cinque per coglierli...

### GIORGIO

Male. Era meglio se dormivi. E adesso, cosa fai? Piangi?

> Prende il mazzo di fiori.

Dà qui, dà qui.

### LILLIA

No, no; so che non ti piacciono. So che li getterai via appena sarai nel treno...

GIORGIO

Niente affatto. Mi presenterò a Londra, al Comando, così...

LILLIA

interrompendo

No!

Riprende il mazzo e ne toglie un ramoscello di mughetto.

Tieni questo solo. Per ricordo di tua sorella Lillia.

GIORGIO

commosso

Dovunque io vada, lo terrò con me.

La bacia in fronte.
Lady Mary entra rapida.

GIORGIO

Ah mamma! Cara mamma!...

LADY MARY

Giorgio mio!

Lo abbraccia.

Quanto tempo hai ancora?

GIORGIO

Cinque minuti.

LADY MARY

Cinque minuti!... Mi pare che vorrei racchiudere in questi cinque minuti tutto il mio amore per te! tutte le felicità che mi sono sfuggite nei vent'anni beati in cui sei stato mio! Quante ore, quanti giorni ho lasciato passare, quasi senza accorgermi della gioia di averti vicino!... senza dirmi ad ogni istante: « Mio figlio è qui, accanto a me!... Quando voglio, posso vederlo; quando lo chiamo mi risponderà! »

GIORGIO

Anche da lontano, mamma, quando mi chiami... sappi che ti rispondo.

guardando dall'una all'altra delle due figure piangenti.

Mamma... Lillia... non piangete. Fa tanto male a chi parte, il pensiero di lasciare la tristezza dietro di sè.

Mettendo il braccio intorno ad ognuna di loro

Qualcuno ha detto che le lagrime che si versano per il soldato lontano, egli le sente. Nelle lunghe veglie della trincea, le sente cadere sul suo cuore e spegnere tutte le fiamme del suo coraggio.

Volgendosi a Lillia

Non era una leggenda che il babbo ci narrò?

LILLIA

commossa

Sì.

GIORGIO

volgendosi alla madre e prendendole la mano

La sai, mamma, quella leggenda?

C'era una madre che per la partenza del suo figliolo piangeva giorno e notte; nè si poteva consolare.

Suo figlio, lontano, sentiva scorrere quel pianto; e perchè non si perdessero le care lagrime materne, egli le raccoglieva tutte nel suo cuore.

Ma quando fu l'ora di scagliarsi contro il nemico, quel soldato non potè slanciarsi

con gli altri all'assalto e alla vittoria. Sai
perchè?... Perchè portava nel suo cuore il
peso di tutte quelle lagrime!

### LADY MARY

alzando gli occhi a lui

Giorgio! Hai ragione.

con sùbita risolutezza

Non piangerò.

### GIORGIO

Brava, mamma!... Ah, lascia ch'io ti guardi
bene!... Ch'io ti porti via nella memoria,
così — coraggiosa e sorridente!

Sulla soglia è apparso il Comandante.

### IL COMANDANTE

Andiamo, Giorgio! È ora.

### LADY MARY

a suo figlio

Va!

con fiero gesto

Dio t'accompagni.

Giorgio la bacia.
Indi si china a baciare anche Lillia.

Con un ultimo sguardo alla madre, esce rapido.

Le due donne vorrebbero seguirlo, ma il Comandante con un gesto le trattiene. Indi segue suo figlio.

Lillia si slancia avanti d'un passo e sventola il fazzoletto.

Lady Mary, ritta sulla soglia, alza la mano in un gesto solenne di benedizione. Così rimane immobile, mentre cala lentamente il sipario.

FINE DEL PRIMO ATTO

# ATTO SECONDO

La stessa scena, sei mesi più tardi, nella città assediata. Disordine e squallore.

Le pareti coperte di carte, di piante topografiche, ecc.

Nello sfondo paesaggio invernale, grigiastro e tetro.

Il Comandante affondato in una poltrona, come vinto da profondo abbattimento, riposa.

# ATTO SECONDO

**LADY MARY**

> entra portando un vassoio; la
> segue Lillia.

Non svegliarlo!

**LILLIA**

Povero papà! Come par triste!

**LADY MARY**

> deponendo il vassoio sul ca-
> minetto a sinistra, e abbatten-
> dosi col volto nascosto tra le
> mani

Cosa sarà di noi! Ah, se fossimo partite con
le Farrell!... Almeno fossi partita tu? Saperti in salvo...

**LILLIA**

Zitta, che lo svegli!

7. - *Le bocche inutili.*

IL COMANDANTE

destandosi

Che c'è?

LADY MARY

Ti abbiamo portato il thè.

IL COMANDANTE

Non voglio thè.

LILLIA

quasi piangendo

Ma papà... vuoi ammalarti? Non mangi più niente...

IL COMANDANTE

facendole una carezza

Ho tanti pensieri...

LILLIA

E quando si hanno tanti pensieri bisogna mangiare.

LADY MARY

Ci rendi assai tristi!...

## IL COMANDANTE

Basta. Lasciatemi solo.

## LADY MARY

Ma un po' di thè —

## IL COMANDANTE

> con scatto iroso addita la porta.
> Le donne si ritirano a capo
> basso.

Mary... Lillia...

> Esse tornano indietro.

## IL COMANDANTE

> le guarda, le abbraccia.

Cos'ho fatto! Cosa ho fatto! Non dovevo lasciarvi star qui... Ero un pazzo, ero un delinquente...

## LADY MARY

Ma perchè? Se siamo così felici di condividere le tue sofferenze.

## LILLIA

Non credere che abbiamo paura, Di nulla, di nulla abbiamo paura, poichè siamo con te.

*Si batte alla porta.*

## IL COMANDANTE

Avanti.

> *Entrano il capitano Loussy e il professor Aubrey Russell, seguìti da due soldati, uno dei quali porta un rotolo di carta.*

## IL COMANDANTE

Ah! Loussy!... Ebbene?

## CAPITANO LOUSSY

*presentando Russell*

Il professore Aubrey Russell, matematico, che mi ha aiutato a compilare il documento —

## IL COMANDANTE

Quel diagramma è fatto?

CAPITANO LOUSSY

Sì, signor Comandante.

IL COMANDANTE

volgendosi a Russell

E il risultato?

AUBREY RUSSELL

È grave.

Un silenzio.

Desidera vederlo subito?

IL COMANDANTE

Subito!

AUBREY RUSSELL

dà ordini ai soldati di attaccare la carta alla parete. Essi l'affissano nel centro, in fondo; a destra della porta vetrata d'ingresso.

IL COMANDANTE

volgendosi alle donne

Allora —

LADY MARY

supplichevole      .

Lasciaci star qui!

IL COMANDANTE

esita. Quindi subitamente deciso

Ebbene — restate. Tanto, ormai...

Fa un gesto di desolazione. Lady Mary e Lillia vanno a sedersi in un angolo della stanza.

AUBREY RUSSELL

indicando la carta che i soldati hanno attaccato alla parete

Ecco, Comandante.

A un cenno del capitano Loussy i soldati salutano ed escono.

IL COMANDANTE

aggrottando le ciglia

Spiegatemi un po' —

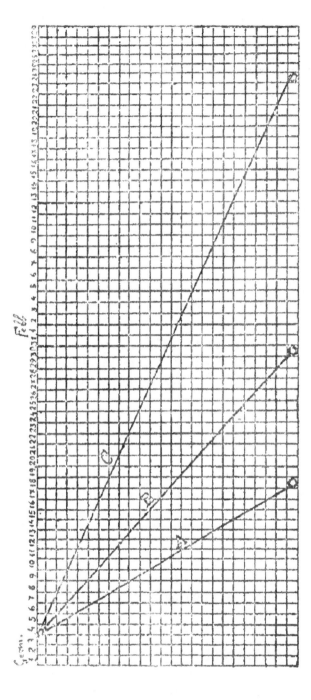

**LINEA A. -** Scala minima di razioni necessarie alla Guarnigione e alla Popolazione civile per poter combattere e lavorare.

**LINEA B. -** Scala minima di razioni necessarie alla Guarnigione e alla Popolazione per poter sussistere, senza combattere e senza lavorare

**LINEA C. -** Scala minima di razioni necessarie alla sussistenza della sola Guarnigione.

*NOTA* - Per i dettagli del diagramma i miei ringraziamenti sono dovuti allo scrittore militare inglese «Ole Luk-oie».

*N. dell'A.*

AUBREY RUSSELL

Le cifre riguardo agli approvvigionamenti le ho avute esattissime dall'ispettore dei consumi; quelle della popolazione me le ha date il maresciallo. Queste linee orizzontali...

> indicando le linee da sinistra a destra sul diagramma

sarebbero la scala dei viveri. Queste, verticali, la scala del tempo. Da oggi, vede?

> indicando l'angolo sinistro in alto del diagramma

4 gennaio.

IL COMANDANTE

secco

Avanti.

AUBREY RUSSELL

Queste tre linee in diversa pendenza rappresentano la diversa scala di razioni secondo... secondo il numero delle persone da nutrire.

## IL COMANDANTE

Avanti.

### AUBREY RUSSELL

Questo zero alla base di ognuna delle tre linee rappresenta — la fine dei viveri.

Un silenzio.

Come vede, ho messo qui accanto alle diverse linee una iniziale, secondo ciò che rappresentano:

*Linea A:* Scala minima di razioni, indispensabili alla guarnigione — insieme con la popolazione civile — per poter continuare a lavorare e a combattere.

*Linea B:* —

### IL COMANDANTE

interrompendolo

La linea A fino a che giorno ci porta?

### AUBREY RUSSELL

Seguendo col dito dal basso all'alto la riga verticale su cui termina la *linea A*

La linea A... ci porta... fino al giorno 18 di questo mese.

IL COMANDANTE

esterrefatto

Il 18 di questo mese!... Loussy! avete sentito?

CAPITANO LOUSSY

cupo

Sissignore.

AUBREY RUSSELL

Questa seconda linea, marcata **B** — come vede, è in pendenza minore — rappresenta la scala minima di razioni necessarie alla guarnigione — insieme con la popolazione civile —

si arresta titubante. Indi prosegue a bassa voce

per poter semplicemente sussistere.

Breve silenzio.

Senza combattere e senza lavorare.

Un altro silenzio.

### IL COMANDANTE

E questa linea ci porta...

### AUBREY RUSSELL

Ci porta fino al giorno 30 di questo mese.

Lungo silenzio.

### IL COMANDANTE

Fino al 30 di questo mese.

### AUBREY RUSSELL

Qui, tuttavia... si può contare su qualche giorno
di più...

s'interrompe indeciso.

### IL COMANDANTE

secco

Perchè?

### AUBREY RUSSELL

Ma... per una ragione penosa, signor Comandante.

abbassando ancora il tono della voce

Bisogna prevedere un aumento di decessi...
in seguito a debolezza ed esaurimento...

IL COMANDANTE

trasalendo

Ah!

AUBREY RUSSELL

E questi decessi, diminuendo il nostro numero, prolungherebbero la nostra possibilità di resistenza.

IL COMANDANTE

Ho capito.

Silenzio.

E questa terza linea?

AUBREY RUSSELL

Ah! *Linea C.* Questa, signor Comandante, ha
la minima pendenza, e ci porta, come vede,
assai più lontano: fino al 22 — o diciamo
pure al 24 — del mese prossimo. Questa
linea C...

con voce tremante

rappresenta la scala minima delle razioni necessarie alla sussistenza...

> Un attimo di pausa.

della guarnigione soltanto —

> Marcando molto le parole

*esclusa la popolazione civile.*

> Lungo silenzio.

È questo, vero? ciò che mi aveva dato ordine di fare?

IL COMANDANTE

> profondamente scosso

Sì.

AUBREY RUSSELL

Sono desolato che i risultati non siano migliori.

IL COMANDANTE

Grazie, Russell. Grazie.

> Aubrey Russell guarda, incerto, dal Comandante immerso nei suoi pensieri, al capitano Loussy. Questi gli fa cenno che può andare.
> Aubrey Russell saluta ed esce.

IL COMANDANTE

dopo una lunga pausa

Vedete, Loussy, è la resa che s'impone — la resa!

CAPITANO LOUSSY

amaramente

Tutte vane, dunque, le nostre sofferenze.

IL COMANDANTE

Tutte vane.

CAPITANO LOUSSY

Vano il coraggio eroico dei nostri uomini, vana la loro prontezza al sacrificio.

IL COMANDANTE

Tutto vano.

CAPITANO LOUSSY

distogliendo il volto

Ah, Comandante...

si sforza a dominare la sua profonda emozione

se si potesse sperare ancora nell'arrivo di
viveri...

IL COMANDANTE

Chiuse le vie di terra, bloccate le vie del mare.
Siamo qui, presi come topi in trappola.

CAPITANO LOUSSY

Ah, quando sei mesi fa ho portato il rapporto
alle autorità... e ci hanno riso in faccia!...
Se avessero provveduto subito...

IL COMANDANTE

Loussy; le recriminazioni non servono che ad
amareggiare chi le fa.

CAPITANO LOUSSY

Perdoni, Comandante. Ha ragione.

Una pausa.

Ma l'idea della resa, e di tutto ciò che la
resa significa... per noi e per i nostri, mi
sconvolge il cervello.

IL COMANDANTE

> tornando a guardare la carta
> appesa al muro. Lentamente

Ci atterremo alla linea B.

CAPITANO LOUSSY

> disperato

La resa per il giorno 30?!

IL COMANDANTE

Sì. La resa; per fame. Il giorno 30.

> Si volge un istante a guardare
> le due donne che durante l'in-
> tera scena sono rimaste immo-
> bili e tremanti in fondo alla
> stanza. Indi cade a sedere col
> viso tra le mani.

LADY MARY

> si alza, e lenta, trepida, si av-
> vicina a suo marito.
> Gli prende la mano, ch'egli le
> abbandona; essa l'alza e la
> reca alle labbra.

CAPITANO LOUSSY

> alzando la fronte e lanciando
> uno sguardo a Lillia

Comandante, se potessimo resistere un altro
mese... o due!... Da una parte o dall'altra
i soccorsi ci arriverebbero.

> il Comandante stende grave la
> mano e addita il diagramma.

### CAPITANO LOUSSY

> in tono rapido e basso

E... la linea C?... Quella, ci darebbe... un mese e 18 giorni di più.

### IL COMANDANTE

La linea C!... Mandar via la popolazione civile!

> con un mesto sorriso

Voi volete dunque tornare al medio-evo?
all'assedio di Siena?

> Il capitano Loussy allarga le
> mani in gesto di rassegnazio-
> ne all'inevitabile.

### IL COMANDANTE

Cacciar fuori questi inermi — donne, vecchi,
fanciulli — e mandarli... al nemico?

CAPITANO LOUSSY

concitato

Sì; perchè questi dia loro un salvacondotto attraverso le sue linee. È stato fatto altre volte; anche recentemente. I Boeri, non hanno forse mandato le loro donne, i loro vecchi alle nostre linee inglesi?

IL COMANDANTE

*fissàndolo grave, dopo un istante di silenzio*

Voi scordate, Loussy, con che razza di nemico abbiamo a fare. Noi non combattiamo contro gli uomini; noi combattiamo contro *le iene!*

*Un silenzio.*

E poi, arrendersi per arrendersi — tanto vale il giorno 30, che ventiquattro giorni più tardi. E risparmiamo questa inutile crudeltà.

CAPITANO LOUSSY

In ventiquattro giorni possono accadere dei fatti nuovi.

### IL COMANDANTE

fissandolo

Loussy, è un terribile dilemma questo... un crudele dilemma...

Lady Mary e Lillia sono venute a mettersi al suo fianco ed egli tiene stretta la mano di sua moglie; ora posa l'altra mano sull'omero della figlia.

Quando voi pensate, che nella popolazione civile — tra i non-combattenti — sono comprese...

la voce gli si spezza

... anche queste due creature...

### CAPITANO LOUSSY

vivamente

Ah! Ma lei, Comandante, — lei Governatore della piazzaforte, può fare tutte le eccezioni che vuole.

### IL COMANDANTE

con uno scoppio di voce

Ah! *Le eccezioni?!* È questo che voi pensate? Le eccezioni!... A favore delle mie donne!

Mandar fuori i pezzenti, eh? gli ammalati,
eh? E le donne e i vecchi e i bambini —
Ma le mie donne no!... Ah, ma che concetto
avete voi del dovere, Loussy?

con voce tonante

E che concetto credete che ne abbia io?

CAPITANO LOUSSY

profondamente umiliato

Perdoni... perdoni...

IL COMANDANTE

E non è per questo —

indicando le due donne tre-
manti al suo fianco

ch'io esito; io, che vorrei dare in pasto ai
miei soldati questo mio vecchio cuore, se
potessi tenerli in vita un solo giorno di
più!...

CAPITANO LOUSSY

Lo so!... Lo so!...

Ma è perchè voglio, se è possibile, evitare uno strazio inutile. Li vedete voi, questi inermi, cacciati fuori alla mercè del nemico? Li vedete, vagare, soli, sperduti tra le due linee ostili?...

feroce

E vedete — *vedete* — come sarebbero accolti dal nostro nemico?

Il capitano Loussy si copre gli occhi.

IL COMANDANTE

prosegue fremente

Se bisognerà arrendersi — ah! — allora ci saremo anche noi

guardando le due donne

anche noi saremo là col nostro cuore — e con le nostre rivoltelle — per difenderle fino all'ultimo.

LADY MARY

gli si getta tra le braccia piangendo.

> Lillia e Loussy si guardano fissamente, profondamente negli occhi.
> Si batte alla porta.

### IL COMANDANTE

Avanti.

> Entra il tenente Fletcher trafelato, ansante.

### IL TENENTE FLETCHER

> guarda le donne.

Una comunicazione urgente, signor Comandante.

### IL COMANDANTE

Dite pure.

### IL TENENTE FLETCHER

Abbiamo raccolto un radio-telegramma che annuncia l'arrivo di trasporti con rinforzi e viveri. Vengono per la via di mare.

### IL COMANDANTE

> agitato

Hanno forzato il blocco!

### IL TENENTE FLETCHER

Signorsì. Sono stati avvistati sulle coste dell'Estlandia.

### IL COMANDANTE

*febbrile*

Quando?

### IL TENENTE FLETCHER

All'alba di ieri.

> Un silenzio.
> Lady Mary scoppia in convulse lagrime di gioia e abbraccia Lillia.

### IL COMANDANTE

*parlando lentamente*

All'alba di ieri! Non saranno — dunque — qui — che verso —

### IL TENENTE FLETCHER

Verso il 20 del mese prossimo, signor Comandante.

## IL COMANDANTE

lentamente, accennando di sì
col capo

Verso — il 20 del mese prossimo.

## LILLIA

rapita

Papà! Papà!...

Gli afferra la mano e gliela
bacia.

## IL COMANDANTE

come impietrito

Il 20 del mese prossimo — ah!

si batte la fronte con gesto
forsennato.
Al tenente Fletcher

Sta bene.

Il tenente Fletcher saluta ed
esce.
Volgendosi alle donne

Via! Via subito.

## LADY MARY

Ma —

IL COMANDANTE

con gesto di congedo

Vi richiamerò.

Lady Mary e Lillia escono.

IL COMANDANTE

dopo una pausa

Dunque, Loussy!

con infinita amarezza

Ecco sciolto il dilemma.

Il capitano Loussy china il capo.

IL COMANDANTE

Comprendete il significato di questa notizia?

Loussy china di nuovo il capo in segno di assenso.

IL COMANDANTE

lentamente, scandendo le sillabe

*Nessuna resa.*

Un silenzio.
- Va alla parete e appoggia il

dito sulla terza linea del diagramma.

È la linea C — che s'impone. La linea C! Come avete detto voi!... Fuori la popolazione civile!... fuori le bocche inutili! Fuori!

Appoggia il capo al muro e scoppia in una risata convulsa.

CAPITANO LOUSSY

gli si avvicina trepido

Comandante!!...

IL COMANDANTE

come pazzo guardando la carta

Lo zero — ecco lo zero!

seguendo la linea col dito

La linea C... ci porta fino al giorno 24. I rinforzi arrivano il 20.

con un'amara risata

Abbiamo un margine di quattro giorni!... Quattro giorni!

*agitato*

Ma è inutile dunque! Inutile! Bisogna contare sulla possibilità di ritardi. Il maltempo può ostacolare l'arrivo dei trasporti. Allora la resa s'imporrebbe ugualmente — e questa spietata decisione sarebbe stata vana.

### IL COMANDANTE

*tra sè e sè*

Sì. Anche questo può accadere...

### CAPITANO LOUSSY

*rapido e a bassa voce*

Se osassi... se osassi intercedere per la infelice popolazione civile... se si potesse sospendere questa sentenza orribile...

### IL COMANDANTE

Ma voi vi contraddite, Loussy. Voi che or ora mi esortavate a questo passo, ora tentate dissuadermene?

*Una pausa.*

Basta.

a se stesso

« Fa ciò che devi, avvenga quel che può ».

stringendo i denti

Loussy, radunate il Consiglio di Difesa. Preparate immediatamente gli ordini ch'io firmerò.

con voce terribile

E badate, Loussy! *Non si fanno eccezioni.* Non si fanno eccezioni.

Un silenzio.

Tutti — vecchi, donne, bambini, ammalati, chi può reggersi in piedi deve andare. Prendete le disposizioni necessarie. E ricordatevi che la sortita si deve fare *prima del tramonto*

convulso, serrando i pugni

perchè il nemico non possa fingere di non riconoscere la bandiera bianca.

CAPITANO LOUSSY

Ma come? Ma non è possibile? Bisognerà pur dare qualche preavviso.

### IL COMANDANTE

Niente preavviso. Un'ora deve bastare. Quando si ha un margine di quattro soli giorni, non c'è più un tozzo di pane che si possa dare agli inermi, ai non-combattenti...

> con un ghigno di amarissima
> ironia

agli esseri superflui — *che non sanno uccidere!*

### CAPITANO LOUSSY

Ma per amor di Dio, Comandante, pensi!...

### IL COMANDANTE

> con voce terribile

Ho pensato. — Radunate il Consiglio di Difesa.

> Dopo un istante d'esitazione
> il Capitano Loussy esce.
> Il Comandante rimane solo.

### IL COMANDANTE

> dopo un lungo silenzio

E se fosse un delitto? S'io fossi impazzito?

Tutta la sua forza autoritaria
è caduta.
Egli è smarrito, quasi piangente.

Tra sè e sè.

Chi,... chi... m'aiuta? Chi mi consiglia?

va ai gradini e chiama

Mary!

LADY MARY

accorre

IL COMANDANTE

Mary. — Pensa bene a ciò che stai per dirmi.
Rispondi dal fondo della tua coscienza.

Una pausa.
Lady Mary tiene fissi gli occhi su lui.

Ricordi tu ciò che accadde il giorno della
partenza di Giorgio?

LADY MARY

Il giorno... della partenza?...

IL COMANDANTE

L'incidente della cantoniera.

LADY MARY

Sì. Ricordo..

IL COMANDANTE

Ricordi tu,... ciò che hai detto quando quell'uomo volle sacrificare suo figlio alla salvezza del treno?

LADY MARY

Ho detto... che fece il suo dovere. Perchè ne riparli?

IL COMANDANTE

Lo diresti ancora? Oggi?... Lo diresti ancora?

LADY MARY

Che strana domanda!

IL COMANDANTE

Rispondi.

LADY MARY

Sì... credo... non so...

titubante

Certo egli non poteva sacrificare tante esistenze affidate a lui —

IL COMANDANTE

*Egli... non poteva sacrificare... tante esistenze... affidate a lui...*

prendendole la mano

Al suo posto, anch'io — avrei dovuto far così?

LADY MARY

Che domanda mi fai?

IL COMANDANTE

forte

Rispondi.

Un silenzio

Se per salvare mille vite... migliaia di vite... affidate a me... dovessi sacrificare... te?... tua figlia?... Diresti che lo devo fare?

LADY MARY

dopo un attimo di silenzio

Ma... forse...

9. - *Le bocche inutili.*

IL COMANDANTE

Non forse. Sì? — O no?

LADY MARY

*straziata dal dubbio*

Oh Dio!...

*subitamente, cacciandosi i ca-
pelli dalla fronte*

Sì.

IL COMANDANTE

Mary! Eroica creatura, santa e grande anima!
Che il cielo ti benedica, ti protegga, ti sal-
vi. Tu mi dài il coraggio che mi mancava.
Il dovere, dunque. Lo ha fatto quel canto-
toniere. Ed io, soldato, lo farò.

LADY MARY

*tremante*

Spiegami... che cosa vuoi dire?

IL COMANDANTE

Chiama Lillia.

### LADY MARY

Ma...

### IL COMANDANTE

ritto in mezzo loro.

Chiama Lillia.

Lady Mary s'avvia titubante verso i gradini, sui quali già appare la figuretta trepida di Lillia.

### IL COMANDANTE

Donne mie! Più care a me della vita, più care a me della speranza, più care a me — sì! è così! — della patria per la quale combatto. Io debbo compiere un terribile dovere. Debbo mandarvi via...

### LADY MARY

con un grido

Ah no! Questo no!

Assai lontano s'ode lo squillo d'una tromba che chiama all'adunata.

### IL COMANDANTE

Debbo mandarvi via. Tra un'ora partirete di qui.

### LADY MARY

Io non ti lascio, no! non ti lascio.

### LILLIA

Papà! Se devi morire, vogliamo morire con te.

> Lo squillo è ripetuto, lontanissimo.

### IL COMANDANTE

Voi non capite. Ah, se si trattasse soltanto di morire. Come sarebbe facile!... Ma a un soldato si domanda di più che la vita. Il soldato dev'essere pronto a strapparsi il cuore, e vivere. Ad immolare ciò che ha di più caro, e vivere. Voi, che adoro... voi, vita della mia vita, devo mandarvi fuori... fuori, con gli altri derelitti! Devo mandarvi alle linee nemiche!

### LADY MARY

> con un singhiozzo soffocato

Ma non è possibile...

### IL COMANDANTE

Sì; abbandonarvi ai nemici; affidarvi alla loro pietà!

### LADY MARY

Tu — tu penseresti di far questo? Ma sarebbe una cosa iniqua, una cosa orribile!

### IL COMANDANTE

austero

Sì. È una cosa orribile. Ma è necessaria. È fatale. Comprendi! Se noi ci arrendiamo, il disastro non è nostro soltanto; avrà delle conseguenze gravi, incalcolabili...

### LADY MARY

forsennata

Ma a noi, a noi... non pensi?

prima che il Comandante possa rispondere

E volevi pure arrenderti! L'hai detto...

### IL COMANDANTE

Sì. Quando la resa era inevitabile. Quando non c'era alternativa. Ma se m'arrendessi ora, sapendo che i trasporti arrivano, sarei un vile. Se non tentassi di resistere fino all'ultimo respiro, sarei un vile.

Una pausa.

Mi vorresti vile, Mary? Mi vorresti diso-
norato?

### LADY MARY

No... no! hai ragione. Hai mille volte ragione. Tu devi salvare la piazzaforte, i tuoi
uomini. Ma perchè...

*tremante*

non tenerci qui, noi due... nascoste? Nessuno lo saprebbe...

### IL COMANDANTE

*sdegnato*

Mary!

### LADY MARY

Che differenza può fare quel pezzetto di pane
che mangeremo noi?... E poi, non lo mangeremo! no! te lo giuro. Morremo di fame,
benedicendoti!... pur che ci lasci morire
accanto a te.

### IL COMANDANTE

Mary! perchè straziarmi? Non capisci che

darei dieci volte la vita per tenervi qui?
Se lo potessi senza essere ingiusto, senza
essere abbietto!

### LADY MARY

dopo un attimo di silenzio

Va bene. Io me ne andrò. Me ne andrò. Non
dirò più niente.

Si ode per la terza volta, fie-
volissimo, lo squillo di tromba.

Ma per Lillia, per Lillia t'imploro!

cade in ginocchio.

In nome del cielo, non mandar via Lillia!
Tienila con te.

### IL COMANDANTE

Mary, tu mi spezzi il cuore.

### LILLIA

con fierezza calma

Mamma! Il babbo deve fare quello ch'è giusto; senza pensare a noi.

Gli prende la mano e la tiene
stretta.

## LADY MARY

### disperata

Ah, taci!... Tu non sai, tu non sai verso quale sorte tuo padre ti spinge. Tu non sai fino a qual punto è nefando e spaventoso ciò ch'egli pensa di fare.

## IL COMANDANTE

Mary!...

## LADY MARY

Vedi?... egli non è più un marito, non è più un padre.

### con veemenza folle

In lui il soldato — ha ucciso l'uomo!

> Il capitano Loussy batte alla porta ed entra.

## CAPITANO LOUSSY

Il Consiglio è radunato.

## IL COMANDANTE

Verrò subito.

> Si volge verso la porta a si-
> nistra come per andare a
> prendere cappotto e berretto.

Gli ordini da firmare?

CAPITANO LOUSSY

Sono pronti.

IL COMANDANTE

La popolazione civile è avvisata?

CAPITANO LOUSSY

Quattro squadre sono in giro per la città.

con voce commossa

La popolazione si raduna già nella piazza.

IL COMANDANTE

> Fa per entrare a sinistra. Si
> volge sulla soglia e guarda
> Lillia. Essa gli si precipita
> tra le braccia.
> Lady Mary si è abbattuta sin-
> ghiozzante.

IL COMANDANTE

> allontana da sè Lillia ed esce
> a sinistra.

### LADY MARY

*rizzandosi con un grido*

No, no! tu non andrai! Io non ti lascierò andare.

*Lo segue.*

### CAPITANO LOUSSY

*rapidissimo a Lillia*

Lillia! Vi salverò. Salverò voi e vostra madre.

### LILLIA

*incredula*

Come potrete...?

### CAPITANO LOUSSY

Vi seguirò. Quando sarà buio vi ricondurrò indietro. E vi terrò nascoste qui, nella città —

### LILLIA

*dopo un istante d'esitazione*

Ma sarebbe... ingannare mio padre.

### CAPITANO LOUSSY

Vostro padre mi benedirà di averlo ingannato.

LILLIA

*fissandolo, grave*

Ne siete certo?

CAPITANO LOUSSY

*con disperazione*

Ah, non lo so! non lo so! La sua onestà rasenta la pazzia!

LILLIA

*guardandolo negli occhi, e tendendogli lentamente la mano*

Così... deve essere onesto — un soldato.

CAPITANO LOUSSY

Lillia, piccola creatura sublime, come posso lasciarvi andare così, innocente e intrepida, alla morte?

*con passione disperata*

Mio Dio, mio Dio, che cosa debbo fare?

LILLIA

*con solennità*

*Obbedire!*

**LADY MARY**

*chiamando dal di fuori con voce angosciata*

Lillia! Lillia!

**IL COMANDANTE**

*rientra, pronto ad uscire.*

Lillia. Va da tua madre.

*Lillia esce a sinistra.*

**IL COMANDANTE**

*a Loussy, con voce spezzata*

Siate per un'ora mio figlio. — Restate qui con loro. Le confido a voi.

*Il Capitano Loussy, commosso, gli afferra la mano. Indi esce a sinistra, dove sono uscite le due donne.*

*Il Comandante, solo, si avvia verso la porta vetrata. L'apre. D'improvviso indietreggia, e resta immobile.*

*Fuori, come ombre nel crepuscolo della grigia giornata invernale, sfilano lentamente donne, bambini e vecchi, in silenzioso, tragico corteo.*

*Il Comandante, impietrito, li guarda.*

**FINE DEL SECONDO ATTO**

# ATTO TERZO

Una sala nella villa del Comandante De Bels nella Contea di Kent, in Inghilterra.

Da lontano si ode il suono festoso di una banda villereccia.

Anna appare sul terrazzo: figuretta primaverile; veste chiara, cappello di paglia in testa.

# ATTO TERZO

### ANNA

> entra cantarellando, con un fascio di lillà tra le braccia.

Via, via, le rose! — In castigo. Nient'altro che dei lillà!

> chiamando

Edith!

> alla domestica anziana che si affaccia

Porta via queste rose. Non ci vogliono tanti profumi diversi nella stanza. A Giorgio non piace che l'odore di un fiore solo.

### EDITH

Ma che idea, signorina Anna?...

ANNA

*ammucchiando le rose*

Portale via! e torna ad aiutarmi. Vogliamo
fare la casa tutta bella per Giorgio.

EDITH

*amaramente*

Ah signorina, per quanto bella la si faccia,
lui non la vedrà.

*Volge le spalle per andarsene.*

ANNA

*fermandola*

Cosa dici, cosa dici, brontolona? La vedrà sì!
Se non la vede proprio co' suoi occhi, la
vedrà col suo cuore.

EDITH

*triste*

Ma i fiori... per lui... signorina!

ANNA

Sì! sì! i fiori! Nei fiori sentirà il profumo
della primavera e del bene che gli vogliamo.

Va! E torna presto!

> Edith esce portando via le rose.
> Indi rientra. Aiuta Anna ad accomodare i fiori nei vasi.

ANNA

Il Comandante non è tornato?

EDITH

No. È ancora in paese.

ANNA

E tu, perchè non sei andata a vedere la festa che gli fanno?

EDITH

Non mi piacciono le feste.

ANNA

Il villaggio è tutto imbandierato in suo onore. E sentissi la musica, i discorsi!... Sono tutti felici di festeggiare il loro eroe.

EDITH

A lui cosa servono i discorsi, e gli onori, e le

feste? Nessuno gli può rendere quello che
ha perduto.

ANNA

stizzosa

Non dir sempre queste cose. Sei terribile.
Sembri la vecchia cornacchia di Edgardo
Poe. Sai cosa diceva quella cornacchia? Le
stesse cose che dici tu. Era nera e noiosa
come te.

si volge impetuosa e le dà
un bacio.

Sai, Edith, bisogna ricordarsi che il grande
sacrificio del Comandante era necessario;
che con la sua resistenza egli non solo ha
salvato la sua piazzaforte, ma ha anche
mutato in nostro favore tutto il corso degli
eventi. È stata un'azione magnifica la sua,
che la patria non scorderà.

EDITH

Già. Ma la sua casa è vuota. Sua moglie... sua
figlia... non si sa dove siano. E oggi l'unico
suo figliolo

torcendo le mani congiunte

in quale stato gli ritorna a casa!

ANNA

Taci, taci!

lascia ricadere i fiori che aveva in mano.

Quando penso che Giorgio torna a casa, un po' sono così felice da non sapere cosa faccio, e un po' sono così disperata che vorrei fuggir via e piangere!... Almeno ci fosse mia madre, per riceverlo!

siede.

Ma no. Proprio oggi la mamma deve andare a Dover!... E tornerà chissà quando!

sospira.

Ed ora Giorgio arriverà qui... domanderà di sua madre... di sua sorella... e non sapremo che cosa dirgli.

EDITH

Ma signorina, crede lei che il signor Giorgio non sospetti già qualcosa? Si sarà pure meravigliato che nè l'una nè l'altra siano mai andate all'ospedale a trovarlo.

ANNA

cupa

Gli abbiamo detto che sua madre era sofferente... che Lillia era ancora lontana, in casa di parenti. Poi i dottori gli hanno vietato di parlare, di far domande... ed egli non ha più chiesto nulla.

Un silenzio.

Ma chi sa che cosa pensa... che cosa sospetta!...

**EDITH**

Ecco il Comandante.

si ritrae.
Entra il Comandante.

**ANNA**

movendogli incontro

Ah, caro zio Harry! Hai potuto sottrarti agli entusiasmi, agli applausi?

**IL COMANDANTE**

Ah sì! gli entusiasmi, gli applausi!... Quale angoscia!

siede

Sono stato a casa tua, Anna, a cercare di tua madre. Speravo ch'essa sarebbe stata qui per l'arrivo di mio figlio.

ANNA

Purtroppo la mamma ha dovuto partire. Ma dimmi, a che ora lo vai a prendere?

IL COMANDANTE

Subito. Tra pochi minuti.

ANNA

*turbata, trepidante*

Mio Dio! E che cosa gli dirai?

IL COMANDANTE

*lento e cupo*

La verità. La verità, che già prima d'ora avrei dovuto dire.

ANNA

Non potevi. Il dottore te lo ha sempre vietato!

IL COMANDANTE

È vero; me l'ha vietato il dottore. Ma più di lui me l'ha vietato... la mia viltà!
Sì; per la prima volta in vita mia — posso dirlo, Anna, ch'è la prima volta! — io sono

stato vile; vile davanti a quel tragico viso,
vile davanti a quegli occhi spenti. Ma ora,
quand'egli entra in questa casa, quando mi
chiederà: « Dov'è mia madre? » quando
mi chiederà: « Dov'è mia sorella? » Gli ri-
sponderò — la verità.
La verità! Non so dove siano. Preda del nemico forse! O della morte.

ANNA

*incorandolo affettuosa*

Ma non credi che si possa più sperare?...

IL COMANDANTE

Sperare?

ANNA

Che la zia Mary e Lillia abbiano potuto
salvarsi; che si possa ancora averne notizie?

IL COMANDANTE

No. Da troppi mesi ormai dura il silenzio.
Perdute! Sono perdute entrambe! Questo
dovrò dire a mio figlio quando ritornerà,
cieco, al suo focolare.

ANNA

con slancio

Mi lascierai stare con te? con te e con lui...
in quel momento? Lo condurrai qui, prima di parlargli?

IL COMANDANTE

commosso

Anna!... Tu ami il mio figliolo.

ANNA

con semplicità

L'ho sempre amato.

IL COMANDANTE

Ma... ora!...

ANNA

Ah, ora — mille volte di più!

IL COMANDANTE

la bacia in fronte.

Nel naufragio della nostra vita, tu sola rimani,
piccola Anna fedele!

Resta dunque qui. Aspetta il nostro ritorno.

*Esce e si allontana a destra.*
*Entra Edith frettolosa.*

#### EDITH

C'è il custode del parco che vorrebbe parlare
con lei.

#### ANNA

Con me? E che cosa vuole?

#### EDITH

Non so. Non ha voluto entrare mentre c'era
il signor Comandante.

*Il Custode, un vecchio, entra,*
*affannato, dalla sinistra.*

#### ANNA

Ebbene? Cosa c'è?

#### IL CUSTODE

Signorina, ho una notizia... Sarei venuto a
dirlo già iersera...

*assai imbarazzato*

ma è stata lei... proprio lei, a non volere...

ANNA

Lei? chi?... Ma cosa dite? Di chi parlate?

IL CUSTODE

Si figuri che iersera, avevo appena chiuso il cancello, quando sento qualcuno chiamare il mio nome. Torno indietro, e lì, dietro il cancello, la vedo, che pare uno spettro...

ANNA

Ma chi era? chi?

EDITH

dietro a loro si è affacciata alla porta d'uscita; con un grido

Signorina! C'è la signora!! La nostra signora!...

ANNA

convulsa

Ma cosa dici!... dove? dove?

segue Edith che si è slanciata fuori a sinistra.
Il Custode esce dietro a loro. Anna ed Edith ricompaiono tosto sorreggendo la figura va-

cillante di Lady Mary. Questa
è pallida e spettrale; porta
una logora veste nera e uno
scialle nero.

Zia Mary!... zia Mary!... Ma è possibile?!

EDITH

conducendola verso il divano

Non credevamo vederla mai più. Quanto abbiamo pianto per lei!

LADY MARY

fievole, accasciandosi

Buona Edith!...

volgendosi con un pallido sorriso ad Anna.

Anna!...

ANNA

agitata

Corro a richiamare lo zio Harry...

LADY MARY

con voce spenta; trattenendola

No.

ANNA

Ma lasciami dargli subito questa gioia —

LADY MARY

No.

ANNA

baciandole le mani

Oh, zia Mary; sei tu — sei tu! Non osavamo
più sperare...

con impeto

E Lillia?

LADY MARY

tragica

*Non chiedere di Lillia.*

ANNA

quasi senza voce

Non tornerà?!

LADY MARY

Non chiedere di Lillia!

con cupo dolore

O allora... chiedine a colui che ci ha cacciate fuori.

> Cade in avanti col volto tra le mani.
> Anna le s'inginocchia accanto, confortandola.

**EDITH**

> lancia ad Anna uno sguardo di pietà
> Indi si rivolge, trepida, a Lady Mary.

Signora cara, vorrà riposare... vorrà prendere qualche cosa...

> Lady Mary scuote il capo.

Almeno un cordiale...

**LADY MARY**

No, Edith. Non ho bisogno di nulla.

**ANNA**

> sottovoce a Edith

(Corri incontro al Comandante!... Avvertilo!)

> Edith esce rapida.
> A Lady Mary

Ma è vero che sei arrivata iersera? E perchè,
perchè non sei venuta subito qui, a casa tua?

LADY MARY

Questa non è più casa mia. Questa è la casa
— di lui! di lui che tutti festeggiano, per
l'atto più inumano, più spietato...

ANNA

scattando

Ah, zia Mary! Non dir questo! Il suo immen-
so sacrificio, non lo comprendi?

LADY MARY

Non parlarmi di lui, nè di quell'atto iniquo...

ansante

parlami di Giorgio! Per lui soltanto ho var-
cato questa soglia. Per lui soltanto ho vis-
suto fino ad oggi.
In quei terribili giorni d'angoscia, fra le
torture, la crudeltà, lo scherno, fu il pensiero di lui, di lui soltanto che mi ha te-
nuta in vita.

ANNA

Sai che Giorgio... mio Dio...

non osa proseguire

LADY MARY

Ebbene?

ANNA

tremando

Tra poco verrà qui...

non osando rivelare la sventura del figlio e cercando di distoglierla da quel pensiero

ma dimmi, dimmi di te! Hai dunque sofferto molto... dici che furono crudeli con te?

LADY MARY

rabbrividendo

Crudeli!... ah, quell'epoca mi pare tutto un sogno d'orrore. Mille volte ho ringraziato Iddio che Lillia — la mia piccola Lillia — non era più con me.

Il cielo — pietoso! — non ha voluto che giungesse viva alle linee nemiche.

tornando al suo pensiero

Ma parlami di Giorgio...

ANNA

interrompendola

E come hai potuto salvarti?

LADY MARY

Un'infermiera ha avuto pietà di me; m'ha aiutata a fuggire, a raggiungere la frontiera. Ma quante sofferenze ancora, prima di tornare in patria!

amaramente

E qui, qui trovo il paese in festa...

stendendo il braccio verso la porta

per lui! Lui ha mandato al nemico le sue donne — e lo festeggiano! Lui ha mandato alla morte sua figlia — e lo applaudono!

con uno scatto convulso

Parlami di mio figlio!

Giorgio tra poco verrà qui...

*si arresta trepidante.*

LADY MARY

Lo so. E so che è stato ferito.

ANNA

Ah! tu sai...!

LADY MARY

Sì. Me l'ha detto la moglie del custode. Povera donna, piangeva tanto. Aveva paura di darmi questo nuovo dolore...

ANNA

Ma che cosa ti ha detto?

LADY MARY

Che Giorgio era ferito, lievemente, a un occhio. È così?

*Anna china il capo.*

... ma che oggi lasciava l'ospedale.

rasserenandosi un poco

Vuol dire che è guarito, vero? poichè lo lasciano tornare a casa...

chinandosi verso Anna

Anna, cos'hai? Perchè tremi così?

Anna si copre il viso con le mani.

Dimmi cos'hai! Pensi alle nostre tristezze?

ANNA

alzando il viso angosciato

Sì.

LADY MARY

Pensi... a Giorgio? Quella donna m'ha detto che andavi tutti i giorni a trovarlo all'ospedale.

con soavità

È vero?

alzandole il viso per guardarla meglio negli occhi

Pensi... molto... a Giorgio, tu?

ANNA

cadendole ai piedi e celandole
il volto in grembo

Sì.

LADY MARY

accarezzandole i capelli

Oh!... piccola Anna!... buona Anna! Come
passa il tempo. Ieri eri bambina, oggi... sei
innamorata. E dimmi — lui?...

ANNA

scoppiando in lagrime

Non so!

LADY MARY

Perchè piangi?

Un silenzio.

« Il destino della donna è il pianto... » Chi
diceva così?... Forse ero io. Lo dicevo tanto
tempo fa, quando per me non era vero; lo
dicevo senza crederlo... cioè, lo credevo —
ma per le altre donne, non per me.

sorridendo amaramente

È facile, quando si è felici, enunciare di quelle sentenze.

*tornando con uno sforzo al presente*

Dunque Anna, dimmi: quanti anni hai?

ANNA

Diciannove.

LADY MARY

È vero. L'età di Lillia. Anche Lillia, oggi, se fosse qui, comincerebbe a sognare l'amore...

*Un silenzio.*

L'amore. Ed io — io non sogno che l'odio. Non ho più di vivo in me che la forza di odiare.

ANNA

Ah, non dir questo.

LADY MARY

Anna, sai tu qual'è il più grande dolore per un cuore umano? Quello di dover odiare ciò che si è amato.

ANNA

Ah, zia Mary! Un giorno perdonerai...

LADY MARY

Mai! Non parlare di perdono.

ANNA

Ma quando,... egli arriva, ora, con Giorgio...

LADY MARY

Quando avrò abbracciato mio figlio — ripartirò.

ANNA

Ripartire! Ah, no! Tu non puoi lasciare Giorgio.

LADY MARY

Giorgio non ha bisogno di me. Resterà con suo padre.

ANNA

avvicinandosi a lei con intensità tragica

Tu — non puoi — lasciare Giorgio!

LADY MARY

Giorgio dovrà scegliere tra me e suo padre.
Io qui non resto, se vi resta quell'uomo.

ANNA

sempre più intensa e vee-
mente

Nè tu, nè lui, potete lasciare Giorgio.

LADY MARY

prendendola per la spalla

Ma come parli? Sembri forsennata —

Anna, smarrita, ha rivolto gli
occhi alla porta. Sulla soglia
è apparso il Comandante.

IL COMANDANTE

Mary!...

Lady Mary lo fissa con occhi
di gelo.
Sulla soglia è apparsa anche
Edith, che fa cenno ad Anna.
Anna esce rapida dalla ve-
randa.

IL COMANDANTE

Non mi saluti?... Non mi parli?

### LADY MARY

> Lo fissa in volto, gelida e sta·
> tuaria.

A mio figlio parlerò.

### IL COMANDANTE

E a me... a me... non hai nulla da dire?

### LADY MARY

Nulla.

> Un silenzio.

### IL COMANDANTE

Mary; comprendo ciò che hai nell'anima; so
quanto devi aver sofferto. Ma, se posso ancora rivolgerti una preghiera, ascolta! Quando parlerai ora con tuo figlio, scorda il
rancore che hai contro di me; pensa a lui...

> con dolore

a lui solo; a lui che ha sofferto e soffre più
che tu non...

### LADY MARY

> interrompendolo febbrile

Giorgio — è qui?

IL COMANDANTE

Sì.

LADY MARY

tremante

Voglio vederlo, io sola. Voglio parlargli io sola.

IL COMANDANTE

profondamente scosso

Credimi; è meglio ch'io sia con te.

LADY MARY

fiera

Sola voglio essere con mio figlio. Sola!

IL COMANDANTE

Sia. — Ma prima che tu lo veda...

LADY MARY

Lasciami...

IL COMANDANTE

cercando di trattenerla

Mary, abbi pietà di te stessa... e di lui.

LADY MARY

con un breve riso beffardo

Sei tu, tu, che parli di pietà?

scorgendo Giorgio

Ah, Giorgio!

Giorgio è apparso sulla soglia.
Anna gli sta a fianco. Egli è
pallido e titubante. Porta gli
occhiali neri.

GIORGIO

Mamma!

Apre le braccia e la madre gli
si abbandona sul petto.
Anna, dopo uno sguardo al
Comandante, si avvicina a lo·
ro, e sorreggendo Lady Mary,
la trae dolcemente avanti.

IL COMANDANTE

vicino a Giorgio, gli parla
rapido a bassa voce.

Giorgio! Essa non sa la tua sventura.

GIORGIO

stupito

Non sa...!

## IL COMANDANTE

Comprenderai... più tardi... perchè non è stato possibile dirglielo.

## GIORGIO

con serenità

Io — glielo dirò. Lasciami con lei.

Il Comandante lo conduce
avanti vicino alla madre.
Indi il Comandante ed Anna
escono.

## LADY MARY

Giorgio! Figlio mio! figlio mio!

abbracciandolo

Dimmi, dimmi...

lo trae innanzi

come stai, diletto mio? Quell'occhio — l'occhio ferito — come sta? Ti fa male ancora?

## GIORGIO

No. Non mi fa più male. — Mamma!...

le siede accanto.

Mamma, sei qui!...

Che gioia ritrovarti! Se tu sapessi le strane paure che ho avuto. Non so... papà e Anna sono stati così misteriosi, così muti! Ogni volta che chiedevo di te e di Lillia, non rispondevano, o rispondevano sconnessi... Non sapevo più cosa pensare.

con affettuoso rimprovero

Tanto più che non siete mai venute a trovarmi. Quattro mesi all'ospedale e non una visita nè da mia madre nè da mia sorella!

LADY MARY

con un singhiozzo

Giorgio!

GIORGIO

Sei stata ammalata. Io so!

affettuoso e gaio

Ora penserò io a farti guarire. Ma Lillia — almeno Lillia poteva venire...

LADY MARY

con voce tremante

Giorgio!... Che cosa sai? Che cosa sai di ciò che è accaduto? Che cosa sai — di noi?

## GIORGIO

Nulla. — Mamma cara... io sono... al buio di tutto.

> le prende la mano e parla con grande lentezza

*Sono — completamente — al buio.*

## LADY MARY

> trasalendo

Come?!

> ansando

Come dici... come dici quella frase! Giorgio!!!

> con un urlo

Ah! Giorgio...

> senza voce

Ho paura!

## GIORGIO

> calmo

Non aver paura. Io — non ne ho.

## LADY MARY

> con gesti piccoli, smaniosi, re-cando la mano alla bocca, poi

> *togliendola; chiudendo e ria-*
> *prendo i pugni*

M'hanno detto... che eri ferito... leggermente
all'occhio...

> *ansante; con crescente terrore*

m'hanno detto — che guarivi —

### GIORGIO

Difatti. Lo vedi; sono guarito.

### LADY MARY

> *fissandolo*

Giorgio! di'... che sono pazza! di'... che non è
vero!... che non è vero!

> *Giorgio resta immobile, sta-*
> *tuario.*

Giorgio!!... *guarda la tua mamma!*
Di' che la vedi! Di' che la vedi! Ah, Dio,
Dio, Dio!...

> *si abbatte per terra.*

### GIORGIO

> *chinandosi a sollevarla*

Alzati, mamma. Non piangere. Vedi, se **tu**

avessi potuto venire a trovarmi, ti saresti abituata all'idea... a poco a poco... come mi sono abituato io...

### LADY MARY

Ma io non lo credo... ma tu fai per farmi impazzire! Sarà un'altra iniquità

si mette le mani nei capelli

di quel mostro, di quell'assassino...

### GIORGIO

scattando

Ma cosa dici? Ma di chi parli?

### LADY MARY

Lui, lui t'avrà detto di fingere questo... per dilaniarmi ancora, per straziarmi ancora...

### GIORGIO

Ma sei pazza? Ma — mamma! Povera mamma!... Tu sragioni...

### LADY MARY

Ah, Giorgio, Giorgio!... i tuoi occhi adorati!

con voce quasi spenta

Voglio vedere i tuoi occhi!...

GIORGIO

pietoso

No... no... lascia stare...

LADY MARY

fuori di sè

Voglio vedere i tuoi occhi!...

GIORGIO

dopo un istante d'esitazione si
toglie gli occhiali ed alza il
viso.
Un silenzio.

Ebbene?... Mamma! Perchè non parli? Sono...

con uno sforzo dominando il
suo strazio

sono così terribili a vedersi?

LADY MARY

scoppiando in pianto

Ah, figlio mio! figlio mio!

piange stringendosi al petto il
capo del figliolo. Poi ritta, alzando il braccio in un gesto
immensamente tragico e so-
lenno

Ah Iddio! Iddio! Voi ci siete! Voi udite
la voce delle madri! Maledite — maledite
i rèi che scatenano le guerre! maledite chi
spezza i nostri cuori!... Maledite, maledite
chi è colpa che questi occhi siano spenti!...

Un silenzio.

### GIORGIO

Càlmati, mamma. Senti... senti... siedi vicina
a me. Tu non devi disperarti così. Vedi pure che io non mi dispero. Non è così spaventoso come credi, questo mio stato. Dopo
le prime ore, dopo i primi giorni —

abbassando la voce

dopo... le prime notti... di disperazione...
ci si rassegna, vedi; ci si abitua. Non si
tenta più pazzamente, disperatamente di
*aprire gli occhi!*... Non si sente più che si
darebbe dieci anni di vita per un attimo

di luce! non si lotta più per cacciar via,
per strappare le tenebre — le mostruose
tenebre! — che ci avviluppano la testa come un groviglio di veli neri... No! no!

con voce più calma

Tutto cambia. La vita diventa un'altra cosa. Si vive... come in un altro mondo, un
mondo oscuro, fresco, profondo...
Come dirti?... si vive come sotto un'acqua
nera, calma, profonda...

con dolcezza

Mamma, chiudi gli occhi! chiudili!... Voglio
che tu ti calmi. Voglio che tu comprenda —

Un silenzio.

Li hai chiusi?

LADY MARY

con voce di pianto

No.

GIORGIO

Obbedisci. Fàllo per farmi piacere!

*Stende la mano e copre gli
occhi di sua madre.*

Ecco!

*solenne e lento*

Scendi nel buio con me.

*Il teatro si oscura completa-
mente e tutta la scena se-
guente ha luogo nel buio*

Vedi, come tutto si acquieta? Come tutto è
profondo, e grave, e riposante?
T'accorgi come si ascolta meglio ogni suono?... Io odo battere il tuo cuore!...

*Una pausa.*

E come si sente meglio il silenzio!...
A noi che vaghiamo in questo mondo buio,
non giungono, mamma, che voci basse e
dolci. Le ire, le collere, le grida d'odio e di
rancore... nulla di questo arriva a noi. Las-
sù dove siete voi, alla superficie della vita,
vi sono le febbri, le grida, le voci stridenti;
e la fretta, e le fatiche e l'ansia... Qui, nulla.
Intorno a noi le ire si placano, i rancori di-
leguano, gli sdegni si spengono...
Ecco, io sento la tua mano che mi tocca la

faccia, con gesto così dolce... come s'io fossi
ancora bambino. — Li hai chiusi ancora gli
occhi?

LADY MARY

Sì.

GIORGIO

Qui, poi, non si vedono invecchiare quelli
che si amano. Tu, mamma, per me resterai
sempre come ti ho veduta il giorno della
partenza. Eri bella. Piangevano i tuoi occhi, e la tua bocca sorrideva per farmi coraggio. Ed avevi alzata la mano per benedirmi.
Così ti vedrò sempre, finchè vivo — bella,
giovane, in quel gesto di benedizione.

LADY MARY

Giorgio, diletto mio!...

GIORGIO

Vedi! Vedi come sei calma adesso? Nella luce
non saresti così calma. E invece adesso hai,
come me, un senso di grande pace nell'anima. Non è vero?

Ricordati, ricordati quando sei agitata e inquieta, quando mille pensieri ti assillano, quando hai l'anima torturata — vieni accanto al figlio tuo, e chiudi gli occhi... Così.

Un silenzio.

Riapri gli occhi, mamma.

La luce risfolgora, nell'attimo stesso in cui Lady Mary si toglie la mano dagli occhi.
Essa ha appoggiato il capo all'omero di Giorgio.
Il suo volto è triste ma calmo.
Sulla soglia, in fondo, appare il Comandante, e si ferma.

GIORGIO

C'è qualcuno.

LADY MARY

Non c'è nessuno, amor mio.

GIORGIO

Sì, sì. C'è qualcuno. Qualcuno è qui, dietro a noi —

LADY MARY

si volge, scorge il Comandante e balza in piedi, indietreggiando.

GIORGIO

*ridendo*

E ti dirò anche chi è! — È papà.

*va verso la porta e tende la mano a toccare suo padre.*

Vieni, vieni, papà!

*gli prende il braccio e lo trae innanzi.*

La mamma è stata così forte, così buona, così coraggiosa! Vedi, neppure piange più! È vero che non piange? Io sento...

*si volge dall'una all'altra delle due figure tragiche.*

sento che vi guardate quasi con un sorriso... Un sorriso tremulo forse, un sorriso ancora vicino al pianto... ma tanto dolce!... Va, papà; confortala!

*Il Comandante muove di qualche passo più vicino a Lady Mary.*
*Indi i due stanno immobili. Lady Mary ha il volto d'una Erinni — dura, terribile, come tagliata nella roccia.*

Mamma, se tu sapessi che infermiere è

stato per me quest'uomo! Un angelo — ma un angelo terribile, sai! Un angelo con la spada fiammeggiante, per impedirmi questo, per vietarmi quello. « Silenzio! » mi diceva sempre. « Il dottore non vuole che si parli! Silenzio! non farmi delle domande. Il dottore mi vieta di rispondere!... Non parlare con nessuno!... Non pensare a nulla fuorchè a guarire!... »

IL COMANDANTE

con uno sforzo per parere
gaio

E difatti, sei guarito presto.

GIORGIO

Sì: sto benissimo. E sono beato d'essere qui, lontano dall'ospedale. Ah...

rivolto al giardino

com'è dolce la primavera!... come si sente l'aprile!
Adesso andremo in giardino.

alla madre che sta per pren-
dergli il braccio

Ah no! Non così. Voi due, a braccetto, davanti a me. Vi farò vedere come mi guida
la memoria!... e il suono dei vostri passi.

> volgendosi subitaneo a Lady
> Mary

Ma prima, mamma, chiama Lillia. Voglio
ved... —

> correggendosi

— voglio abbracciarla.

IL COMANDANTE

> tremante

Giorgio...

GIORGIO

Dunque — Lillia!

> Un silenzio.

Dov'è? Cosa fa? Perchè non è qui?

> il Comandante si accascia col
> volto tra le mani.

Mamma, rispondi!

> colpito dall'inspiegabile si-
> lenzio

Avete forse paura che s'impressioni troppo?
Via... io conosco Lillia... È coraggiosa più
di noi.

Ancora silenzio.

Perchè non parlate?

subitamente inquieto, in tono
secco

Lillia, dov'è?

LADY MARY

con un gesto di forsennata
tende il braccio verso il Comandante, imponendogli di
parlare. Questi, seduto accanto
al tavolo, cade in avanti, celando il volto sul braccio.

GIORGIO

incalzante

Mi rispondete?

LADY MARY

con voce spenta

Tuo padre — ti dirà —

GIORGIO

Papà!... Rispondi!

Altro silenzio.
E in questo silenzio l'implacato rancore rinasce e fiammeggia nel cuore di Lady Mary.

LADY MARY

Quando il silenzio diventa insopportabile parla con voce aspra e rauca

Egli non ti risponde, perchè... non lo sa!

GIORGIO

indietreggiando di un passo e stringendo con mano convulsa la spalliera d'una seggiola

*Non — lo — sa !?*

LADY MARY

No! Non lo sa! Lillia è sparita... Lillia è perduta... Lillia si è dileguata nella notte...

GIORGIO

dopo un istante, con voce che vuol essere calma

Padre mio!... è vero? Ogni tanto la mamma delira... Tu devi dirmi...

ansando

mia sorella dov'è?

LADY MARY

Sì! deve dirtelo! Lui!... lui deve dirtelo! Ah, tu sei chiuso da quattro mesi all'ospedale, tu, nel buio, non sai niente — ebbene, adesso saprai... saprai che cos'è tuo padre!

vicina a Giorgio, afferrandogli<br/>il braccio

Giorgio, Giorgio, quello non è un padre, quello non è un uomo! Quello è una tigre, quello è una belva — peggio! peggio d'una belva, perchè le belve i loro piccoli li nutrono... li difendono... e quest'uomo non ha voluto nutrire, non ha voluto difendere la sua creatura! No!
L'ha cacciata fuori, fuori nella notte — ci ha cacciate fuori entrambe, lei e me — per quel tozzo di pane che potevamo mangiare... per poterlo dare invece ai suoi soldati!

GIORGIO

Ma, cosa dici... cosa dici?

LADY MARY

Poteva trattenerci... nasconderci nella casa...
nessuno l'avrebbe saputo! No! Fuori nella
notte ci ha cacciate, come cani, famelici e
randagi... Fuori nella neve, ci ha cacciate
davanti ai suoi soldati, con gli altri derelitti,
con gli altri affamati. Abbiamo vagato tutta
la notte, urlando, piangendo, incespicando
nel buio su quella pianura desolata...

GIORGIO

Papà — che cosa dice questa sventurata?

indietreggia, avvicinandosi un
poco più a suo padre

Perchè non la fai tacere?

LADY MARY

parla come in un delirio.

Lillia era vicina a me, aggrappata a me... ogni
due o tre passi incespicava e cadeva. E intorno a noi erano gli altri... i vecchi... i bam-

bini... le donne con le loro creature in braccio... E tutti ululavano nel buio, come povere bestie ferite. E ogni tanto il riflettore del nemico passava su noi... si fermava su noi acciecandoci!

A un tratto Lillia — è caduta; caduta nella neve. Volevo fermarmi! Ma gli altri mi spingevano, mi cacciavano avanti, gridando e gemendo... Io mi battevo con loro; e graffiando, mordendo, strillando mi son fatta largo... sono tornata indietro, gridando « Lillia... Lillia!... »

Un gemito mi risponde... due mani si aggrappano a me. Mi chino... l'afferro, la trascino avanti!

E comincia a nevicare; il vento gelido ci turbina intorno... E dalle linee nemiche cominciano a tirare su noi! Allora me la carico sulle spalle, e sento che per lo sforzo le vene mi scoppiano, il cuore mi si spacca... Ma avanti! La trascino avanti!... con la gioia d'averla salvata, col delirio di sentirla viva, viva!... e accanto a me...

A un tratto un fascio di luce ci investe. Tutti

i riflettori si concentrano su noi. Affranta, m'abbatto sulla neve...
E quella ch'io porto, cade... svenuta, ai miei piedi.

> con un urlo disperato

*Non era Lillia!!*

> Lungo silenzio.
> Poi, con altra voce

Lillia è rimasta... là... nella pianura... La neve l'avrà ricoperta... e nascosta!

GIORGIO

> smarrito stendendo la mano a cercare suo padre

Padre mio!...

LADY MARY

Questo, lui ha fatto... per non darci da mangiare... Questo, lui ha fatto...

> con una risata d'ironia selvaggia.

per salvare la guarnigione ——

GIORGIO

> drizzandosi attento

Ah?

LADY MARY

Per non arrendersi —

GIORGIO

*teso in avanti, comprendendo*

Ah?!

LADY MARY

Perchè dovevano arrivare i trasporti —

GIORGIO

*senza respiro*

Sì...

LADY MARY

Allora....

*con feroce scherno*

per quelle *parole*, quelle vane, inique parole che dite voialtri uomini —

*gridando con frenesia*

per « l'onore... » per « la patria... »

GIORGIO

*con uno scoppio di voce*

Ah!!

### LADY MARY

##### proseguendo forsennata

Per quelle parole che hanno fatto di lui non
più un uomo, ma un nefando, uno spietato
strumento di guerra...

### IL COMANDANTE

##### rizzandosi, fremente e pian-
##### gente

Il mio dovere ho fatto — il mio dovere!

### LADY MARY

Il tuo dovere?

##### rivolgendosi al figlio

Ah Giorgio! Tu, tu che con quei chiusi occhi vedi forse più chiaro di noi — dillo!
dillo se il primo dovere di un uomo non è
verso le sue creature? Verso le sue donne...
verso i suoi figli, sangue del suo sangue!
Dillo!... dillo!... Non è quello il primo
dovere di un uomo?

### GIORGIO

##### con forte voce

*No!*

LADY MARY

colpita

Ah...

GIORGIO

Ieri forse era così. Domani forse sarà così ancora. Oggi — no.

con impeto sublime

Oggi, il primo dovere di un soldato —

si arresta, soffocato dalla commozione, quasi fosse troppo sacra la parola che sta per pronunciare.
Indi, afferrando il braccio di sua madre

Mamma!.. — Inginòcchiati!

Vinta, Lady Mary cade piangendo ai piedi del Comandante.

FINE DEL DRAMMA

Finito di stampare
il 30 aprile 1926
negli Stab. Tip. Lit. Edit.
A. MONDADORI
VERONA

CPSIA information can be obtained at www.ICGtesting.com
Printed in the USA
BVOW08s0414080115

382333BV00011B/79/P